Blackout

II

AF284066

Blackout

Wie Sie sich vorbereiten

und sich und Ihre Familie schützen können

Autor
Martin Seiters

BLACKOUT
Wie Sie sich vorbereiten und sich und Ihre Familie schützen können

Erweiterte und überarbeitete Neuauflage

Autor: Martin Seiters

Titelbild: Alejandro Faletti (auf Pixabay)

Bibliografische Informationen der Deutschen Nationalbibliothek siehe Publikation der Deutschen Nationalbibliografie oder im Internet unter dnb.dnb.de abrufbar.

© 2020 Seiters, Martin
Herstellung und Verlag: BoD – Books on Demand, Norderstedt
ISBN: 978-3-752628-838

Inhalt

Vorbemerkung 9

Vorwort zur 2. Auflage 11

Kurze Geschichte der Elektrifizierung 14

„Blackout – Nichts geht mehr!" 23

Sind wir sicher? 28

„Der Strom kommt aus der Steckdose!" 38

Blackout durch Sonnenstürme 48

Blackout m. Desinformations-kampagnen .. 59

Es ist passiert. 61

Draußen 64

Es wird eng 67

Die Lage wird ernst 79

Bereiten Sie sich vor 86

    Selbstversorger 102

    Kochen ohne Strom 105

    Weitere wichtige Hilfsmittel 111

Zusammenfassung 113

Nachbemerkung 118

Anmerkungen 120

  Webadressen für Selbstversorger 129

  YouTube - Videos 132

  Bildnachweis 133

Danksagung... 134

Blackout bezeichnet einen überregionalen, landes- oder europaweiten Ausfall der Stromversorgung bei gleichzeitigem Stillstand sämtlicher Infrastrukturen in den betroffenen Regionen. Dieser ist nicht auf Stunden begrenzt, sondern in der Regel über Tage oder Wochen andauernd.

Vorbemerkung

Der vorliegende Ratgeber beabsichtigt keinesfalls, bei seinen Lesern oder Leserinnen Panik auszulösen. Das wäre ein großes Missverständnis.

Aber, so selten ein großer, weitflächiger und langdauernder Blackout in unseren Breiten sein mag – er ist möglich! Und egal, ob er aus einem technischen Defekt, aus menschlichem Versagen, aufgrund einer Naturkatastrophe, z.B. den klimatischen Veränderungen, oder schlimmstenfalls durch terroristische oder gar kriegerische Gründe verursacht wird: Jeder sollte wissen, wie er sich und seine Familie schützen und wie er den gröbsten Auswirkungen vorbeugen kann – und das nicht erst, wenn er passiert ist.

Dafür ist dieser Ratgeber gedacht.

Vorwort zur 2. Auflage

Wer mein erstes Buch mit dem Titel „Blackout" gelesen hat, der weiß, was bei einem lang andauernden Stromausfall alles passieren *kann*. Nein, lang dauernd meint nicht ein paar Stunden, wie es vor allem die Älteren noch aus ihrer Jugend in den 50er und 60er Jahren kennen, wo es häufiger vorkam, dass der Strom eine Zeit lang weg war.

In diesem Buch ist die Rede von einem Ausfall von mehreren Tagen, Wochen oder im schlimmsten Fall von Monaten. Im letzten Fall ist die gesamte Infrastruktur kaputt, zum Beispiel durch Krieg. Damit gibt es keinen Strom – nirgends!

Was das bedeutet und wie groß unsere Abhängigkeit vom Vorhandensein und einer reibungslosen Verfügbarkeit des elektrischen Stroms ist, legte ich bereits im ersten Band dar. In der Neuauflage wird dieser Abschnitt noch einmal erweitert und mit zusätzlichen Informationen ergänzt.

Dass dies ein wichtiges Thema bei Katastrophenschutz, der Feuerwehr, beim Technischen Hilfswerk und anderen Hilfs- und Rettungsorganisationen ist, überrascht daher nicht. Und auch Regierungsstellen sind intern damit beschäftigt, denn es müssen für den Fall des Falles alle Strukturen miteinander kooperieren können. Sicher ist, dass wir in Deutschland insgesamt besser aufgestellt sind, als in vielen anderen Ländern, vor allem außerhalb Europas.

Dennoch kann der beste Katastrophenschutz nicht alles leisten und schon gar nicht überall gleichzeitig helfen. So ist jeder in der Verantwortung, ein Stück weit vorzusorgen, um im Katastrophenfall zumindest eine absehbare Zeit lang autark zu überleben, bis Hilfe kommt oder die Versorgungslage sich wieder normalisiert. Das hört sich dramatischer an, als es in Wirklichkeit ist. Durch ein wenig Disziplin und Eigenverantwortung kann jeder – auch in der Stadtwohnung – einen persönlichen Vorrat an den wichtigsten Dingen anlegen. Es ist gar nicht so schwer.

In diesem Band werde ich auf einen Teilaspekt eingehen, der jedoch sehr wichtig ist, wenn der Stromausfall deutlich länger andauert, als gedacht: Wie sorge ich für mich und/oder meine Familie für eine gute, abwechslungsreiche und möglichst warme Mahlzeit.

Es werden einige Möglichkeiten des Kochens bei fehlendem Strom vorgestellt. Rezepte werden wohl nicht dabei sein. Da verlasse ich mich ganz auf Ihre Kreativität und Fantasie, der natürlich keine Grenzen gesetzt sind, um schmackhafte und ernährungsbewusste Gerichte zu zaubern. Also nicht verzagen, wenn es einmal ganz hart kommt. Es gibt immer eine Möglichkeit.

Dafür ist dieser Ratgeber gedacht.

Diepholz, 15.10.2020

Martin Seiters

Kurze Geschichte der Elektrifizierung

Es erstaunt immer wieder, dass Menschen auf die Frage, seit wann es Strom gibt, keine rechte Antwort wissen. Das ist ein Zeichen, wie sehr wir uns bereits an die tägliche Nutzung von Strom gewöhnt haben. Ausführlicher habe ich das bereits im ersten Band „Blackout" beschrieben. Deshalb beginne ich zum allgemeinen Verständnis mit einem groben kurzen geschichtlichen Rückblick, wie die Elektrifizierung erfolgte.

Elektrizität sowohl als Naturphänomen wie auch als physikalischen Effekt kennt man schon seit Ende des 17. Jahrhunderts. Bekannt ist den meisten Menschen sicher das sogenannte „Drachenexperiment" Benjamin Franklins, durch das bewiesen wurde, dass Blitze ebenfalls aufgrund natürlicher Elektrizität entstehen.

Elektrische Maßeinheiten wie Volt (benannt nach dem italienischen Physiker Allessandro Volta (1745 – 1827), dem Erfinder der ersten Batterie, 1772, als Maß für die elektrische Spannung oder Ampere als Einheit der Spannung (nach André Marie Ampère, französischer Mathematiker und Physiker (1775 – 1836) kennen viele zumindest als elektrotechnische Bezeichnung aus dem Physikunterricht in der Schule.

In den menschlichen Alltag zog der Strom jedoch erst im Zuge der industriellen Revolution ein. Er wurde damals zunächst in der Industrie (z.B. Dynamomaschine von Siemens) und zur Beleuchtung wichtiger Straßen und Plätze, wie etwa in Berlin, genutzt.

Mit der Erfindung der Kohlefadenlampe durch J. W. Swan (1878) und Thomas A. Edison (1880) konnte Strom zur Beleuchtung auch in privaten Haushalten genutzt werden. Allerdings profitierte davon zu der Zeit nur eine privilegierte Bevölkerungsschicht, denn die Kohlefäden hatten keine sehr lange Lebensdauer und brannten bald durch. Es musste also ständig Nachschub vorhanden sein. Dieser war kostspielig. Die einfache Bevölkerung konnte sich das noch längere Zeit nicht leisten und war weiterhin auf Kerzen und Petroleumlampen angewiesen.

Eine Kilowattstunde Strom kostete in den 80er Jahren des 19. Jahrhundert um die achtzig Pfennig und die seit 1880 verfügbare Glühbirne immerhin ganze fünf Reichsmark. Das war ein stolzer Preis, wenn man bedenkt, dass ein Arbeiter zu der Zeit gerade einmal vierzig Pfennig pro Stunde verdiente.[1]

Außerdem gab es noch keine flächendeckende Versorgung mit Elektrizität. Und genau wie heute stritten sich Befürworter der elektrischen Beleuchtung und ihre Widersacher wegen der Einführung dieser neuen revolutionären technischen Errungenschaft. Offensichtlich haben die Menschen nicht viel hinzugelernt und zeigen vielfach heute noch die gleichen archaischen Angstreaktionen vor neuen Entwicklungen.

In Deutschland sah es am Beginn des 20. Jahrhunderts nicht anders aus wie in den übrigen Staaten, in denen die Industrialisierung ihren Lauf nahm, z.B. in England, Frankreich, USA. Nur etwa 10% der Haushalte verfügten über einen Stromanschluss – eine verschwindend geringe Zahl verglichen mit heute.

Das änderte sich auch nicht allzu viel, nachdem Werner von Bolton im Jahr 1903 nach längerer Forschungsarbeit im Auftrag Wilhelm von Siemens die Herstellung eines robusteren Glühfadens aus Tantal gelang. Die Firma Siemens brachte die ersten Glühlampen über ihr eigenes Glühlampenwerk ab 1905 auf den Markt. Die neue Art verhalf der elektrischen Beleuchtung schließlich zu einem schnelleren Durchbruch.[2]

Wie mühsam zu der Zeit etwa das Kochen, Waschen und Bügeln der Wäsche war, zeigte die 2012 im Deutschen Museum in München veranstaltete Sonderausstellung „Kabelsalat – Energiekonsum im Haushalt" (13.01.-15.07.2012).[3]

„Elektrizität war teuer, Anschlusskosten waren hoch, ebenso die Tarife. Das war ein Luxus, den sich anfangs nur reiche Leute leisten konnten", sagt Nina Möllers, eine Historikerin, die mit zwei Kolleginnen die Ausstellung entworfen hat.

Wie schwierig es selbst in wohlhabenden Haushalten war, zeigt das folgende kleine Beispiel aus der Küche:

Töpfe, Pfannen und Kasserolen hatten eigene Stromanschlüsse. Sie mussten jeweils einzeln in ein Brett, das oberhalb der Kochstelle angebracht war, eingestöpselt werden. Für jedes Gerät gab es eine eigene Porzellansicherung. Auf alten Fotos sieht man den sprichwörtlichen „Kabelsalat", vor dem selbst das Hausmädchen in gebührendem Abstand und eher skeptisch als begeistert steht.[4]

Dazu kam, dass die Kabel nicht isoliert waren. Anzeigen zum jeweiligen Funktionszustand der Geräte gab es ebenso wenig wie überhaupt irgendeine Standardisierung. Kurzschlüsse und Unfälle waren daher keine Seltenheit.

Es sollte noch bis in die 20er Jahre des 20. Jahrhunderts dauern, bis – zumindest in den Städten – in den Wohnungen der Menschen elektrisches Licht und weitere Stromanschlüsse vorhanden waren.

Dennoch war elektrisches Licht, geschweige denn anderweitig genutzter Strom überwiegend den wohlhabenden und den bürgerlichen Haushalten vorbehalten. Den Arbeiterfamilien war Strom weiterhin zu teuer. Der Stundenlohn lag zwar immerhin bis 1925 in der Produktionsmittelindustrie für einen gelernten Arbeiter bei 87 Pfennig, für einen ungelernten Arbeiter nur bei sechzig Pfennig. Die Arbeiter in der Verbrauchsgüterindustrie verdienten nochmal etwa 25 bis dreißig Pfennig darunter.[5]

Selbst wenn die höhere Kaufkraft einberechnet wird, war das nicht viel. Hinzu kam eine wöchentliche Arbeitszeit von fünfzig Stunden. Somit ist verständlich, dass elektrischer Strom für viele Menschen noch lange ein Luxus blieb.

Dem gegenüber wollte die aufkommende Elektroindustrie natürlich Strom verkaufen und ebenso die Gerätehersteller. Mit Hilfe ausgeklügelter Werbekampagnen suchten diese die Menschen als Kunden und Konsumenten für sich zu gewinnen. In den Städten wetteiferten die Theater, Restaurants und Geschäfte um die schönsten und auffälligsten Außen- und Innenbeleuchtungen. Sie hatten schnell gemerkt, dass die Menschen helle gut beleuchtete Restaurants den anderen, die noch mit Petroleum- oder Gaslampen ihre Räume erhellten, bevorzugten.

Bis in die dreißiger Jahre wuchs die Elektrifizierung in Deutschland rasant. Nur so konnten das Radio und das Telefon überhaupt flächendeckend Erfolg haben. Das Radio oder Volksempfänger, wie es in Deutschland damals hieß, konnte damit – neben den parallel sich etablierenden Kinos – zu einem derart gewaltigen Propagandawerkzeug für die in der Zeit herrschende nationalsozialistische Partei werden.

Der Zweite Weltkrieg bescherte der Welt dann nicht nur große Zerstörungen und Millionen von Toten. Er sorgte gleichzeitig für einen enormen technischen Fortschritt. Zunächst aber vor allem in den Vereinigten Staaten von Amerika, die kaum von den Zerstörungen des Krieges betroffen waren.

Elektrische Geräte, die in den USA schon längere Zeit in den Haushalten genutzt wurden, fanden – natürlich begleitet mit entsprechender Propaganda der Elektrowirtschaft – nach dem Krieg den Weg in die (west-)europäischen und damit auch in die deutschen Haushalte.

Nicht von ungefähr waren die ersten Geräte, die das Leben im Haushalt erleichtern sollten, für Küche und Waschen und so weiter konstruiert worden. Damit wurde gleichzeitig ein bestimmtes Rollenbild der Frau im Haushalt festgeschrieben. Der Platz der Frau war nämlich vor allem in der Küche und als Dienerin des Mannes zu verstehen.

Hier einmal ein kurzer Auszug aus einem amerikanischen Regelwerk von 1955 dazu:

„Halten Sie das Abendessen bereit. Planen Sie vorausschauend, evtl. schon am Vorabend, damit die köstliche Mahlzeit rechtzeitig fertig ist, wenn er nach Hause kommt. So zeigen Sie ihm, dass Sie an ihn gedacht haben und dass Ihnen seine Bedürfnisse am Herzen liegen. Die meisten Männer sind hungrig, wenn sie heimkommen und die Aussicht auf eine warme Mahlzeit (besonders auf seine Leibspeise) gehört zu einem herzlichen Empfang, so wie man ihn braucht." [6]

So geht das noch eine ganze Weile weiter. Aus heutiger Sicht eher belustigend zu lesen, damals aber harte Realität. Die deutschen Männer hatten nach dem Zweiten Weltkrieg und der Rückkehr aus der Gefangenschaft sehr damit zu kämpfen, dass die Frauen jetzt gewohnt waren, vieles allein zu regeln. Allerdings wurde das alte Rollenbild sehr schnell wieder hergestellt und es sollte weitere drei Jahrzehnte dauern, bis dieses Untertanenverhältnis aufgebrochen wurde.

Neben dem Einzug der elektrischen Geräte in die Lebenswelt der Menschen stieg gleichzeitig der Stromverbrauch. Die flächendeckende Versorgung wurde ausgebaut. Immer mehr Dinge des täglichen Lebens – notwendig oder Luxus – kamen hinzu. Wir haben uns mittlerweile so sehr daran gewöhnt, zu jeder Zeit und relativ kostengünstig Strom verfügbar zu haben, dass wir unsere Abhängigkeit gar nicht mehr merken.

Bis er auf einmal nicht zur Verfügung steht und die Geräte stumm bzw. der Herd kalt bleibt.

„Blackout – Nichts geht mehr!"

Es ist frühe Winterzeit. Deutschland bereitet sich auf das bevorstehende Weihnachtsfest vor. Man schreibt den 25. November 2005, das Wochenende des 1. Advents. Die Welt war in Ordnung – zumindest im Münsterland.

Doch hoch oben in der Wetterküche braute sich etwas zusammen, mit dessen Auswirkungen an diesem Tag niemand rechnete. Ein kräftiges Hoch mit nasskalter Luft lag seit einigen Tagen über Nordwestdeutschland und den Niederlanden. Weit draußen auf dem Nordmeer aber wuchs zusehends das Tiefdruckgebiet mit Namen *Thorsten* heran. Es lenkte kalte und sehr nasse polare Meeresluft nach Deutschland und entwickelte sich dabei bis zum 25. November zu einem ordentlichen Sturmtief.[7]

Am Morgen begann es zunächst mit leichten Schneeschauern, eine um diese Jahreszeit nicht ungewöhnliche Erscheinung. Und so gingen die Menschen weiterhin ihren täglichen Geschäften nach, besuchten Veranstaltungen [8], oder fuhren zum Einkaufen und so weiter.

Im Laufe des Vormittags wurden die Schneefälle immer stärker und bis Mittag lag bereits eine zwanzig Zentimeter hohe Schneedecke. Und es schneite weiter in gleicher Stärke. Auch die Nacht durch fielen große Mengen Schnee. Am Ende waren an diesem Tag über fünfzig Zentimeter Schnee gefallen.

Eine andere Auswirkung dieses Unwetters war aber zunächst gar nicht im Blick: Durch den nassen Schnee vereisten nach und nach auch die Stromleitungen und Masten. Das führte schließlich dazu, dass auf den ersten Blick stabile Strommasten umknickten oder brachen wie Streichhölzer: Leitungen rissen, Metall- aber auch Betonmasten brachen unter der vereisten Schneelast zusammen.

Die Folge war, dass das ganze westliche Münsterland, Teile der Niederlande und bis runter ins Bergische Land die Menschen ohne Strom waren.

BLACKOUT

Dieser Stromausfall betraf insgesamt viele Ortschaften und ca. 250.000 Menschen. Er dauerte mehr als fünf Tage. Etwas abgemildert werden konnte das Drama, weil über Hilfe der Bundeswehr an den wichtigsten Stellen Notstromaggregate zum Einsatz kamen, etwa in Krankenhäusern, Verwaltungen und anderen für die Versorgung wichtigen Bereichen.

Für die betroffenen Menschen bedeutete das aber zunächst ein Leben ohne Strom – nicht wissend, wie lange es dauern würde.

Später stellte sich bei Untersuchungen heraus, dass viele der 80 zerstörten Strommasten aus veraltetem, sog. *Thomasstahl*, gefertigten Material bestanden [9], das im und in den Jahren

nach dem Zweiten Weltkrieg verwendet wurde. Es war im Lauf der Jahre spröde und offensichtlich nie richtig gewartet geworden. Ein extremes Unwettertief wie am 1. Advents-

wochenende hatte diese Nachlässigkeit den Menschen bewusst gemacht.

Der Energiekonzern RWE, dem das Münsterländer Hochspannungsnetz gehörte, räumte

nach einigem Zögern schließlich ein, das mindestens 10.300 seiner 44.000 Masten aus den Jahren vor 1940, zu dem Zeitpunkt also bereits 65 Jahre im Einsatz. Einen schnellen Austausch plane RWE aber zunächst nicht, berichtet SPIEGEL online am 14.12.2005. [10]

Insgesamt entstand in den betroffenen Ortschaften ein Schaden von etwa 100 Millionen Euro: Unternehmen konnten nicht produzieren, in privaten Haushalten wurden die Kühlschränke warm, Fütterungsanlagen von Bauern gaben ihren Geist auf. Der Schaden für RWE selbst betrug ganze 47 Millionen Euro. [11]

Zudem lehnte RWE zunächst alle Entschädigungszahlungen ab, da der Konzern keine Schuld an dem Stromausfall trage, revidierte das aber kurz darauf wieder.

Im Herbst 2006 gab es im betroffenen Gebiet mit den so genannten „Schnee-Babys" ein nachträgliches Ergebnis des Stromausfalls. Der Konzern RWE zeigte hier aber eine freundliche Seite und schenkte den Eltern jeweils 300 Euro „Kindergeld".

Einen Eindruck dieser Schneekatastrophe gewinnt man in einem kleinen Filmbericht (8:49 min), der auf Youtube gezeigt wird: *Blackout im Münsterland – Münsterländer Schneechaos 2005.* [12]

Ob die betroffenen Stromkonzerne daraus jedoch wirklich gelernt haben? Wir können es nur hoffen.

Sind wir sicher?

Lang dauernde Stromausfälle wie der im Münsterland 2005 sind in unseren Breiten glücklicherweise nicht die Regel – bis jetzt. Die klimatischen Veränderungen, das Auftreten immer stärkerer Stürme und Unwetter lassen jedoch für die Zukunft anderes erwarten.

Weltweit gibt es jedes Jahr großflächige Stromausfälle. Nicht immer nehmen wir diese bewusst wahr, denn meist sind sie nur eine Randnotiz in den Medien oder es wird gar nicht darüber berichtet, weil andere Weltereignisse gerade mehr Aufmerksamkeit beanspruchen.

Eine Ausnahme sind die großen Stromausfälle im Frühjahr und Sommer 2019 in Venezuela, die wahrscheinlich im Rahmen des geplanten Regime Change eher durch gezielte Sabotage als durch unverhoffte technische Defekte hervorgerufen wurden. Es gelang, mithilfe der großen Turbinen in den Wasserkraftwerken Strom „von außen" dem Stromnetz zuzuführen und damit das Stromnetz wieder anzuwerfen. [13]

Stromausfälle über ein paar Stunden sind also weltweit nicht die Ausnahme, sondern eher die Regel.

Heute kommen allerdings weitere Gefahren hinzu, die nichts mit Unwettern oder technischen Defekten zu tun haben, sondern die durch gezielte Attacken auf das Stromnetz einzelner Regionen oder ganzer Länder passieren können.

Die Weltlage ist heute nach einer kurzen Entspannungspause zwischen 1989 und 1992 so angespannt wie lange nicht mehr. Zunehmende

Aggressivität zwischen den agierenden Regierungen rund um den Erdball lassen nichts Gutes ahnen. „Anonyme" Hackerangriffe von beiden Seiten und verschiedenen Akteuren auf die Versorgungseinrichtungen der Länder werden geprobt und nicht nur das. Einige Länder rüsten dazu mit eigenen Abteilungen für den „Cyberwar" auf, der im Hintergrund im Geheimen längst Realität ist. Es ist vielleicht nur eine Frage der Zeit, bis daraus doch ein Ernstfall wird. Bislang hat es noch keine wirklich ernstzunehmenden Angriffe gegeben.

Aber es ist auch nur schwer zu quantifizieren, wie gefährlich Hacker-Angriffe auf das Stromnetz wirklich sein können. Ein Zwischenfall aus

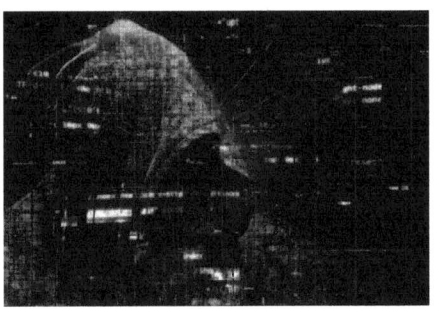

jüngster Zeit – März 2020 – zeigt, dass dieses Risiko durchaus im Bereich des Möglichen ist.

In diesem Frühjahr drangen Hacker in das Computernetzwerk des Verbandes europäischer Übertragungsnetzbetreiber ENTSO-E ein. In diesem Netzwerk haben sich 42 Betreiber aus ganz Europa zusammengeschlossen, darunter auch Unternehmen aus Deutschland wie 50Hertz, TransnetBW, Tennet und Amprion. Aufgabe von ENTSO-E ist es, für eine ständige Optimierung des Stromaustausches über die europäischen Grenzen hinweg zu sorgen. Der Strombetrieb sei zwar durch den Cyberangriff nicht gefährdet gewesen. Jedoch zeigt das eben auch, dass es eine hundertprozentige Sicherheit nicht geben kann.[14]

Ein weiteres Beispiel kommt aus der Ukraine und fand im Jahr 2016 statt. „Dort wurde versucht – von wem auch immer – die Krim vom Stromnetz zu trennen, indem man einfach eine Überlandleitung gesprengt hat", so Thomas Leitert, Vorstandschef des Berliner Katastrophenschutzunternehmens KomRE AG gegenüber der Deutschen Welle. Damals seien etwa 1,2 Millionen Menschen für zwei Wochen ohne Strom gewesen. [15]

Den Regierungen sind die damit verbundenen Gefahren – auch die für die Bevölkerung – durchaus bekannt und es werden, hinter den Kulissen vorerst, verschiedene Krisenszenarios durchgespielt und gelegentlich im Zusammenspiel mit Polizei, Armee, Rotem Kreuz und anderen Einrichtungen geübt.

Natürlich sind so große Stromnetze nicht vor technischen Defekten, atmosphärischen Störungen und anderen ungeplanten Ausfällen zu hundert Prozent absicherbar. Die vielen kleinen, kurzfristigen Ausfälle merken wir gar nicht, denn sie werden schnell überbrückt. Dennoch müssen die Versorgungsunternehmen selbst diese Unterbrechungen an die Bundesnetzagentur melden. Daraus wird dann jährlich der sog. SAIDI-Wert *(System Average Interruption Duration Index)*, der für die Zuverlässigkeit der Energienetze steht, berechnet. Die Formel dafür ist die Summe aller Versorgungsunterbrechungen geteilt durch die Gesamtzahl der Verbraucher. [16] In Deutschland liegt dieser Wert derzeit bei 13,3 Minuten. Damit liegt Deutschland in Europa weit vorn. [17]

Mitte Juni 2019 sorgte ein weiterer massiver Stromausfall in Südamerika für Schlagzeilen in unserer hiesigen Presselandschaft. Durch einen Stromschlag waren große Teile Argentiniens, Uruguays und sogar grenznahe Gebiete zu Paraguay von einem stundenlangen Stromausfall betroffen. Dass das Ausmaß so riesige Flächen betraf, lag daran, dass es dort – wie übrigens auch in Europa – ein länderübergreifendes Verbundnetz gibt, über das kleinere Ausfälle oder Kapazitätsveränderungen schnell ausgeglichen werden können.

Es kam natürlich gleich die Frage auf, ob das auch bei uns passieren kann. Ja, das kann es. Auch wir hängen an einem großen Verbundnetz. Anders könnte Strom nicht an andere Länder verkauft werden oder Strom von einem Netz ins andere gespeist werden, um Engpässe auszugleichen.

Aber haben wir denn nicht ein viel besseres und stabileres Stromnetz als die Südamerikaner? Wir sind doch hier in Europa und es gibt behördliche Standards.

Dazu meint der Vorstandschef des Berliner Katastrophenschutzunternehmens KomRe AG, Thomas Leitert, gefragt nach der Möglichkeit eines großflächigen Stromausfalles bei uns (zitiert nach FOCUS online vom 17.06.2019):

„Wir sind Teil des europäischen Energieverbundes und ein Blackout macht nicht an den Grenzen halt. Wenn irgendwo ein großer Stromausfall passiert, ist die Wahrscheinlichkeit groß, dass auch wir betroffen sind." [18]

Und er sieht ein weiteres Problem darin, dass in Deutschland der Katastrophenschutz in den Händen der Kommunen liegt, die dafür Sorge tragen müssen, dass sie im Falle eines Blackouts handlungsfähig bleiben und die Versorgung mit Wasser, Lebensmitteln und Medizin sicherstellen können. Damit sind aber wohl die meisten Kommunen überfordert.

Schon im Jahr 2011 legten Forscher des *„Büros für Technikfolgenabschätzung beim Deutschen Bundestag"* (TAB) eine Studie zu möglichen Auswirkungen eines Stromausfalles in mehreren Bundesländern gleichzeitig vor, welche dann 2016 für die Erarbeitung eines umfangreichen

Zivilverteidigungskonzepts herangezogen wurde. Die Forscher gingen dabei „nur" von einem zweiwöchigen Ernstfall aus. Das Ergebnis wäre bereits katastrophal:

„Nach zwei Wochen würde es viele Tote und Verletzte geben, Krankheiten hätten sich ausgebreitet, die öffentliche Ordnung, die Kommunikation, der Verkehr, der Transport, die Lebensmittelversorgung der Bevölkerung, die Energieversorgung und das Gesundheitswesen wären weitgehend oder vollständig zusammengebrochen." [19]

Und das nach nur zwei Wochen!

Und weiter:

„Als Ursache für einen langandauernden und regional übergreifenden Stromausfall kommen unter anderem technisches und menschliches Versagen, kriminelle oder terroristische Aktionen, Epidemien, Pandemien oder Extremwetterereignisse infrage." [20]

Betrachtet man sich nun die in den letzten Jahren zusehends stärker werdenden Extremwetter in Form von orkanartigen Stürmen mit sehr hohen Windgeschwindigkeiten und enormen Wassermassen, ist es wohl nur noch eine

Frage der Zeit, bis ein oben beschriebenes Ereignis eintritt.

Aber auch die aggressiveren Akte durch Kriminelle oder Terroristen können bei der heutigen Weltlage nicht gänzlich ausgeschlossen werden. Dazu noch einmal Thomas Leitert (KomRe AG):

„Die kritische Infrastruktur ist hierzulande – anders als in den USA, China oder Russland nicht auf Schutz ausgelegt, sondern auf Funktionalität und Weiterentwicklung. Mit einem sehr geringen Maß an Gewalteinwirkung kann ein extrem großer Schaden angerichtet werden." [21]

Da kann man nur staunen, dass bislang noch nichts passiert ist.

Am 25.01.2017 – fast sechs Jahre nach der Studie – stellte der damalige Innenminister Thomas de Maizière (CDU), gemeinsam mit dem Präsidenten des Bundesamtes für Bevölkerungsschutz und Katastrophenhilfe, Christoph Unger, in einem Berliner Wasserwerk ein 69-seitiges Zivilverteidigungskonzept vor.[22] Kurz nach der Veröffentlichung dieses Konzepts gab die Bundesregierung – erstmals seit 1989 – eine Empfehlung heraus, die die Bevölkerung zur Bevorratung mit Lebensmitteln und Getränken für mindestens zehn Tage aufforderte. Wie nicht anders zu erwarten, reagierte man im Lande eher erstaunt bis belustigt. Niemand nahm 2017 an, dass es wirklich in absehbarer Zeit zu einem solchen Katastrophenfall kommen werde.

Haben **Sie** damals einen Vorrat angelegt?

Auf der Website des Bundesamtes für Bevölkerungsschutz und Katastrophenhilfe kann eine „persönliche" Checkliste heruntergeladen werden. [23]

Einen speziellen Vorratskalkulator gibt es zudem auf der Website ernaehrungsvorsorge.de.[24] Dort lässt sich der persönliche Bedarf für eine oder mehrere Personen für einen bestimmten Zeitraum berechnen. Zudem gibt es dort weitere Tipps.

„Der Strom kommt aus der Steckdose!"

„Der Strom kommt aus der Steckdose!"

Diese Antwort hört man entweder von Kindern, die es noch nicht besser wissen, aber leider auch von Erwachsenen, die sich für nichts anderes, außer vielleicht für ihr eigenes Ego, interessieren.

Ja, der Strom kommt aus der Steckdose. Wie aber kommt er dahin? Fragt man so weiter, stößt man immer wieder auf Unverständnis ob dieser Fragestellung. Natürlich kommen dann Hinweise auf Atom- oder Kohlestrom, auf Wind- und Sonnenenergie und anderes.

Der dort erzeugte Strom wird über ein gewaltiges Netz von Leitungen von den Erzeugern über Zwischen- oder Relaisstationen bis letztendlich in jedes Haus geleitet. Wir alle kennen die Strommasten, die in langen Reihen kreuz und quer durch das Land führen. Lange Kabel verbinden diese Masten. Durch die Kabel wird der erzeugte Strom – mit einigem Verlust – zu den Verbrauchsstationen geführt. Das ist jetzt zugegeben etwas vereinfacht dargestellt. Wer sich damit genauer auseinandersetzen möchte, darf das gern im Internet recherchieren oder sich über Bibliotheken, aus Fachbüchern und ähnlichem informieren. An dieser Stelle jedoch soll die vereinfachte Darstellung reichen.

Ein System dieser Art ist naturgemäß anfällig für vielerlei Einflüsse. Im Münsterland war es damals veralteter, spröde gewordener Stahl der Masten, der letztendlich zum Blackout führte. Wind und Wetter wirken beständig auf das Material ein. Vor allem die Extremwetter können an dieser Stelle letztendlich zum Crash führen.

Einzeln stehende Masten können aber im Ernstfall auch zu gezielten Sabotageanschlägen ausgewählt werden. Besonders die Masten großer Haupttrassen kommen dafür in Frage (siehe das Beispiel weiter oben).

Jedoch auch punktuelle „Nadelstiche" an besonderen Versorgungsknotenpunkten können regional großen Ärger verursachen.

Die Kraftwerke selbst sind ebenfalls mögliche Ziele. Dabei ist wohl der immer wieder als Beispiel gebrachte Absturz eines Flugzeugs auf ein (Atom-)Kraftwerk eher gering wahrscheinlich. Ein technischer Defekt oder menschliches Versagen, das zum Beispiel die Kühlung der Brennstäbe eines Atomkraftwerkes außer Kraft setzt, ist da viel realer. Auch gezielte Sabotage aus dem Inneren ist möglich.

Es sind also vielfältige Risiken – ich habe hier nur einige wenige genannt -, die unser gesamtes Stromversorgungsnetz bedrohen können. Glücklicherweise sind die Sicherheitsvorkehrungen zumindest in den Anlagen recht hoch angesetzt. Wie bei allen technischen und mechanischen Anlagen, steckt der Teufel aber meist im Detail und eine kleine Ursache, die nicht gleich gesehen wird, kann sich so schnell zum großen GAU auswachsen.

Im Zuge der digitalen Umwälzung geraten natürlich die softwaregesteuerten Anlagen in den Kernkraftwerken in den Fokus der Untersuchungen. Allein die Vorstellung, Hacker könnten sich über einen gezielten Cyberangriff Zugang auf diese Anlagen verschaffen und damit die Möglichkeit der willkürlichen Manipulation zu bekommen, ist bereits erschreckend. Der Worst Case wäre ein absichtlich herbeigeführter GAU - eine Kernschmelze oder gar Explosion des Kraftwerks – á la Fukushima oder Tschernobyl (die allerdings nicht absichtlich herbeigeführt wurden, sondern technische Ursachen bzw. in Fukushima durch einen von einem starken Seebeben ausgelösten Tsunami verursacht waren). In allen Fällen verseuchten große Mengen freigesetzter Radioaktivität Menschen und Umwelt großflächig. Noch heute werden in den betroffenen Gebieten hohe Strahlungswerte gemessen.

Im Jahr 2019 untersuchte ein Team der russischen IT-Sicherheitsfirma Kaspersky die Softwarestrukturen der deutschen Kraftwerke. Die Mitarbeiter fanden unter anderem „massive Angriffsflächen zum Beispiel in den Steuerungsanlagen für Dampfturbinen".[25]

Auf dem 36. Kongress des Chaos Computer Clubs in Leipzig stellten sie Ende 2019 ihre Ergebnisse der interessierten Öffentlichkeit vor.[26] Das so ein Szenario durchaus im Bereich der Vorstellung liegt, wurde den Zuhörern des Vortrags schnell klar. Die Experten Radu Motspan, Alexander Korotin und Gleb Griba fanden genügend Schwachstellen beim Anwendungsserver eines Systems zur Turbinensteuerung von Siemens. Ebenso stießen sie auf Angriffsmöglichkeiten über den Applicationserver und den Automatisierungsserver. Über den eingesetzten Java-Code, zum Beispiel für den Dateiupload ließen sich etwas Dateien mit vollen Systemrechten hochladen. Das Authentifizierungssystem offenbarte gleichfalls Möglichkeiten der Aushebelung. Implementierte Firewalls erwiesen sich als nutzlos.

Dennoch gab es auch gute Nachrichten: Die Firma Kaspersky informierte Siemens ausführlich über die Ergebnisse der Untersuchung und der Konzern reagierte schnell mit einem neuen Sicherheitsupdate. Jetzt bleibt nur zu hoffen, dass die Betreiber es zeitnah eingespielt haben.

Die ermittelten Schwachstellen betrafen nicht nur die Firma Siemens. Andere Hersteller von Komponenten, wie ABB, Honeywell, Yokogawa und andere, waren betroffen.

Die gesamten Ergebnisse dieser Untersuchung hier aufzuzeigen, sprengt den Rahmen dieses kleinen Buches. Wer sich für technische Details interessiert, kann den vollständigen Vortrag (allerdings nur in Englisch) auf der Website des 36C3 abrufen. [27]

Das zeigt klar: Selbst die digitale Steuerung und Überwachung bietet allein keinen hundertprozentigen Schutz. Cyberangriffe auf Versorgungssysteme gibt es bereits in Ansätzen und diese werden mittlerweile in die Sicherheitsstrukturen der meisten Länder einbezogen.

Imperialistisches Machtstreben, Kriege um Einflussgebiete, Zugang zu wirtschaftlich wichtigen Rohstoffen, zur jeweiligen Versorgung mit Trinkwasser oder der Sicherung von Handelsrouten werden bereits geführt oder sind zumindest in näherer Zukunft zu befürchten. Die Klimaveränderung, große weltweite Flüchtlingsströme von Millionen Menschen und die damit verbundenen Probleme für viele Länder machen die Welt ebenfalls nicht sicherer.

Wenn wir hier in Westeuropa bisher verhältnismäßig ruhig und gut in unserem Wohlstand (meist auf Kosten anderer) leben können, heißt das nicht, dass das immer so bleiben wird. Beobachtet man das Geschehen in aller Welt von außen, scheint derzeit alles in einem großen globalen Umbruch zu sein. Festgefügt geglaubte Strukturen brechen auseinander oder ordnen sich neu. Alles verändert sich, in welche Richtung wird man wohl erst in einigen Jahren sehen.

Das bedeutet aber umgekehrt für unseren Lebensraum, dass die Veränderungen außerhalb auch innerhalb wirksam werden, zumindest aber Einfluss auf unser aller Leben haben werden.

Insofern können Geschehnisse wie ein landesweiter Stromausfall oder zunehmende Unruhen auch bei uns nicht gänzlich ausgeschlossen werden.

Strom ist also in unserem Leben ein wesentlicher Bestandteil geworden. So wesentlich, dass wir seine tägliche Verfügbarkeit und das ständige Nutzen kaum noch bewusst wahrnehmen. Wie sollen wir über Tage, Wochen oder gar Monate ohne Strom leben? Die meisten Menschen werden sich das nicht vorstellen können.

Strom durchdringt bereits unseren gesamten Alltag, gleich ob zu Hause oder auf der Arbeit. Das ganze Wirtschaftssystem, ja das Funktionieren der gesamten Gesellschaft ist vom jederzeit für jeden Menschen vorhandenen Strom abhängig.

Eine kleine Übung für Sie:

Überlegen Sie bitte jetzt einmal für sich, an welchen Stellen oder bei welchen Gelegenheiten Sie allein im Haushalt tagtäglich Strom nutzen.

Blackout durch Sonnenstürme

Damit komme ich zu einem weiteren – weniger bekannten – Aspekt für die Auslösung großflächiger Stromausfälle. Zugegebenermaßen habe ich mir selbst bis vor kurzem darüber ebenfalls keine Gedanken gemacht: Die Auswirkung von Sonnenstürmen auf unsere Versorgungsnetze.

Zufällig stieß ich vor einigen Tagen im Internet in ganz anderem Zusammenhang auf eine Meldung zu diesen Sonnenstürmen und ihren Einfluss auf die Erde. Artikel zu unserem Sonnensystem interessieren mich seit meiner Jugend, so dass meine Neugier schnell geweckt war. Zum besseren Verständnis für diejenigen, die sich damit noch nicht ausführlich beschäftigt haben, hole ich ein wenig aus:

Unsere Sonne ist trotz eines Durchmessers von fast 1,4 Millionen Kilometern ein relativ kleiner Stern im Weltall. Die Entfernung zur Erde beträgt ca. 150 Millionen Kilometer und das Licht legt diese Entfernung in etwa 8,3 Sekunden zurück.[28]

48

Trotz dieser für unsere Maßstäbe riesigen Entfernung, erwärmt sie die Erde seit Milliarden Jahren doch ausreichend für die Entstehung von Leben. Sie ist also nicht nur Lichtbringer, sondern zugleich Lebensspender. Das ist wohl der Grund dafür, dass in vielen alten Religionen die Sonne als eigene Gottheit verehrt wurde.

Die Sonnenoberfläche ist nicht etwa glatt und gleichförmig. Sie besteht aus beinahe 6000° Grad Celsius heißer Materie und Gasen, die brodelnd und wabernd die „Oberfläche" bilden. Im Kern werden Temperaturen von mehreren Millionen Grad errechnet. Die Energie bezieht die Sonne aus fortwährender Kernumwandlung im Inneren, etwa wie ein riesiges Atomkraftwerk.

Auf der Sonnenoberfläche bilden sich immer wieder Gebiete, die mit Temperaturen von „nur" 3600° Celsius etwas kühler sind als die Umgebung und deshalb als dunkle Flecken erkennbar werden. Aus diesen Sonnenflecken heraus schießen häufig – vergleichbar mit Vulkanausbrüchen auf der Erde – riesige Plasma-

und Gasexplosionen (Protuberanzen), die aufgrund der Rotation der Sonne bogenförmig erscheinen und meist zur Oberfläche zurückfallen.

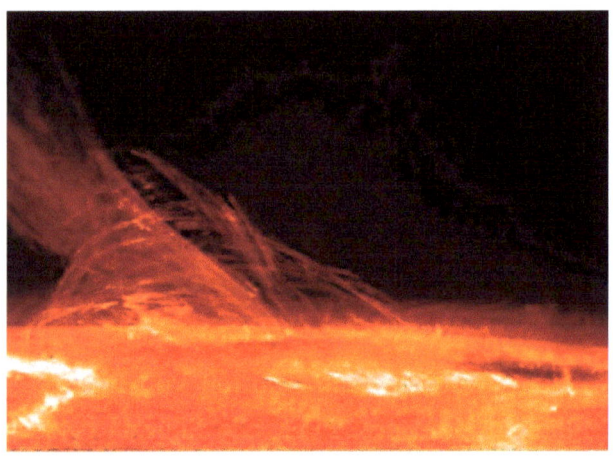

Gelegentlich ist eine dieser Explosionen so stark, dass der Bogen in der Spitze aufreißt und die Gaswolken mit hoher Geschwindigkeit ins Weltall geschleudert werden. Das sind dann die „berüchtigten" Sonnenstürme.

Unser Planet Erde kreist wie alle Planeten unseres Sonnensystems in einer elliptischen Bahn um die Sonne. Er „fliegt" dabei mit einer Geschwindigkeit von ca. 107280 Stundenkilometern auf seiner Bahn.[29] Die Eigenrotation der Erde erzeugt selbst eine solche Schwerkraft, dass wir diese Geschwindigkeit nicht spüren, sondern das Gefühl haben, auf sicherem, ruhigem Grund zu stehen. Die Atmosphäre verhindert zudem tagsüber einen ungehinderten Blick ins All, weshalb den Menschen das Gefühl der Unendlichkeit des Weltraums nicht bewusst ist und damit ebenso wenig die „Un-Wichtigkeit" der Auseinandersetzungen untereinander um Bodenschätze, Ländereien usw.

Die Sonne rotiert ebenfalls um sich selbst. Daher sieht es für die Astronomen so aus, dass die Flecken auf der Sonnenoberfläche wandern. Zudem pulsiert sie in einem ca. elfjährigen Zyklus zwischen hoher und niedriger Sonnenfleckenintensität. Derzeit bewegt sie sich langsam aus dem Zustand der niedrigen Aktivität heraus, so dass momentan die Gefahr großer Sonnenstürme noch gering ist.

Das bisher spektakulärste Ereignis eines gewaltigen Sonnensturm war das sogenannte Carrington-Event Ende August 1859, benannt nach dem britischen Amateur-Astronomen Richard

Christopher Carrington (1827 – 1875), der dieses Phänomen kurz vorher in seiner Entstehung beobachtete.[30]

Carrington studierte zu diesem Zeitpunkt die Fleckenaktivität auf der Sonne und entdeckte dabei ein bis dahin unbekanntes Phänomen in Form zweier extrem heller Lichtpunkte. Wie sich herausstellte, waren dies die Auslöser des seitdem gewaltigsten Sonnensturms. Die Auswirkungen dieses Massenauswurfs von ionisierten Teilchen wie Elektronen, Protonen, Atomkernen trafen die Erde bereits am folgenden Tag mit voller Wucht:

„Kurz vor der Morgendämmerung am nächsten Tag, waren dann am Himmel über dem halben Planeten, Polarlichter in den Farben rot, grün und lila so hell zu sehen, dass man hätte problemlos Zeitungen lesen können. Tatsächlich pulsierten die atemberaubenden Polarlichter auch in der Nähe der tropischen Breiten wie Kuba, den Bahamas, Jamaika, El Salvador und Hawaii – ein sichtbares Zeichen des bis heute stärksten bekannten geomagnetischen Sturms. Dies allein versetzte die Menschen damals in größte Sorge, doch es sollte noch schlimmer kommen. Weltweit waren Störungen in den Telegraphensystemen zu beobach-

ten, einige Telegrafisten stellten schockiert fest, dass es Funkenentladungen gab, die Ihr Telegrafenpapier in Brand gerieten ließen." [31]

Um 1859 herum waren die Telegrafennetze erst langsam im Aufbau und die Akzeptanz in der Bevölkerung noch eher verhalten, wurden Informationen bis dahin doch vor allem per Postkutschen oder durch Kuriere weitergegeben. Dennoch war es sicher ein bemerkenswertes Ereignis für die Mitarbeiter in den Telegrafenstationen, die beobachten mussten, wie sich selbst das Papier durch die Überlastung entzündete.

In der heutigen hochtechnisierten Zeit hätte ein Sonnensturm dieses Ausmaßes wahrscheinlich ungleich heftigere Auswirkungen. Großflächige Stromausfälle aufgrund durchbrennender Transformatoren würden die Versorgung vieler Menschen stören bis unmöglich machen. Die Reparaturen dauerten Wochen und die Auswirkungen auf die Lebensmittel- wie auch die medizinische Versorgung wären katastrophal. Flugzeugabstürze infolge der beeinträchtigten oder komplett ausfallenden GPS-Navigation sind zu erwarten und vieles mehr.

Kleinere oder größere Sonnenstürme ereignen sich ständig auf der Sonne. Glücklicherweise erreichen uns die meisten nicht oder streifen uns nur am Rande. Das ist dann vor allem in den Polarregionen, wo das Magnetfeld der Erde mehr zur Oberfläche geneigt ist, zu sehen. Allgemein bekannt ist dies in Form der über den Himmel mäandernden ein- oder mehrfarbigen Polarlichter.

Aber es gibt immer wieder geomagnetische Stürme, die eine enorme Energie entfalten und die Erde treffen können. Von so einem Ereignis aus der jüngsten Zeit berichtet Stefan Deiters auf der Website astronews.com am 19. März 2014:

„Die Erde ist im Juli 2012 einem Treffer durch eine gewaltige Eruption von der Sonne entgangen. Eine jetzt vorgestellte Analyse ergab, dass der damalige koronale Massenauswurf bei einem Treffer zu einem der größten geomagnetischen Stürme und damit zu beträchtlichen Schäden hätte führen können. Die Eruption hätte sich nur neun Tage früher ereignen müssen." [32]

"Hätte sie damals die Erde getroffen, wäre es wahrscheinlich so wie im Jahr 1859 gewesen, nur wären die Folgen in unserer Welt mit moderner Technologie sehr viel schwerwiegender", so Janet G. Luhmann von der *University of California* in Berkeley, die die Eruption aus dem Juli 2012 zusammen mit Kollegen untersucht hat.[33]

Und Ying D. Liu von *National Space Science Center* der chinesischen Akademie der Wissenschaften in Peking warnt entsprechend: "Ein extremer geomagnetischer Sturm ist ein seltenes, aber folgenschweres Ereignis, das die Infrastruktur unserer modernen Gesellschaft gefährdet. "Die Folgekosten eines solchen Ereignisses könnten sich auf mehrere Billionen Dollar belaufen und es könnte vier bis zehn Jahre dauern, bis sich alle Systeme davon erholt haben. Deswegen ist es für die Sicherheit und das wirtschaftliche Wohlergehen unserer Gesellschaft extrem wichtig, solche Super-Sonnenstürme zu verstehen." [34]

Das meint auch Daniel Baker von der University of Colorado. Er sorgt sich vor allem um die Auswirkungen auf das Stromversorgungsnetz. Von den Sonnenpartikeln während eines extremen Sonnensturms induzierte Spannungsspitzen seien in der Lage, riesige Transformatoren zu zerstören. „Derartige Transformatoren zu ersetzen, könnte sehr lange dauern – insbesondere, wenn Hunderte dieser Anlagen gleichzeitig zerstört würden", sagt Baker. [35]

Und Ed Cliver vom US Air Force Research Laboratory pflichtet ihm bei: „Stellen Sie sich vor, dass große Städte eine Woche, einen Monat oder ein Jahr lang ohne Strom sind. Die Folgen wären jahrelang spürbar." [36]

Aufgrund der relativen Seltenheit solcher Ereignisse beachtet die Masse der Menschen die Gefährlichkeit nicht besonders. Ähnlich wie bei Erdbeben wird erst bei Eintritt eines solchen mit einer Stärke 7 oder 9 gejammert.

Ein weiterer, deutlich schwächerer geomagnetischer Sturm traf die Erde im November 1989. Damals wurden in der Kanadischen Provinz Quebeq mehr als sechs Millionen Menschen von der Stromversorgung abgeschnitten. Die Schäden konnten damals glücklicherweise innerhalb weniger Tage beseitigt werden.

Mit speziellen Satelliten zur Sonnenbeobachtung versuchen Wissenschaftler, diese großen Stürme rechtzeitig zu entdecken und die Gesellschaft zu warnen. Im besten Fall bleiben ca. zwei Tage zu reagieren, doch die großen Sonnenstürme wie der von 1859 trafen die Erde bereits nach achtzehn Stunden.

Um unsere Erde herum kreisen mittlerweile tausende von Satelliten. Das sind Forschungssatelliten, militärische Spionagesatelliten, Satelliten, die für Fernsehprogramme, Mobilfunkverbindungen oder GPS-Ortung und Navigation verantwortlich sind. Juha-Pekka Luntama, Leiter der Weltraumwettertätigkeiten der Europäischen Weltraumorganisation ESA, schätzt, dass etwa zehn Prozent aller Satelliten bei einem großen Sonnensturm irreparabel zerstört oder zumindest nicht mehr verfügbar wären. [37]

Um möglichst frühzeitig über derartige Ereignisse informiert zu werden, startet die ESA noch 2020 die „Solar Orbiter – Mission". Die Sonde soll möglichst nah an der Sonne platziert werden, wie das noch bei keiner vorhergegangenen Mission geschehen ist.

Im Jahr 2023 soll dann die L5-Mission folgen. Dabei wird eine Sonde am sogenannten 5. Lagrange-Punkt im Weltraum platziert. An diesem Punkt lässt sich laut ESA sehr genau vorhersagen, wann die Erde künftig von einer Plasmawolke getroffen werden könnte. [38]

Da bleibt nur zu hoffen, dass die Sonden so funktionieren wie erhofft.

Blackout mittels Desinformations-kampagnen

Einen ganz neuen Aspekt haben Wissenschaftler der Nationalen Universität von Singapur jetzt ins Gespräch gebracht. Gefördert von der National Research Foundation Singapore, haben sie ein noch fiktives Szenario durchgespielt, das zeigen soll, wie Menschen dazu gebracht werden könnten, unwissentlich kritische Infrastruktur anzugreifen und lahmzulegen. [39]

Die Wissenschaftler überlegten, inwieweit größere Menschenmassen über Beeinflussung durch Soziale Medien in ihrem Verhalten steuern lassen, bestimmte Dinge zu tun. Sie bezogen sich dabei auf gezielte Desinformation oder die berüchtigten „Fake News". Ziel war, herauszufinden, ob für gezielte Angriffe auf kritische Infrastrukturen, die spezielle Desinformation als „Waffe" verwenden, genügend Menschen über eine bestimmte Zeitspanne in ihrem sozialen Verhalten gesteuert werden können. Das ist ein spannender Gedanke, denn der Angreifer bleibt dabei sozusagen unsichtbar, da es quasi unmöglich ist, den Ursprung der Desinformation zu ermitteln.

In den meisten Ländern ist die Stromversorgung die wohl kritischste Infrastruktur. An ihrem reibungslosen Funktionieren hängen sämtliche anderen Versorgungselemente.

Über ein unwiderstehliches Preisangebot für einen begrenzten Zeitraum, so die Wissenschaftler, könnten beispielsweise sehr viele Menschen ihre E-Autos gleichzeitig laden, was das Stromnetz einer Stadt sehr beanspruchen würde. Es gibt derzeit noch nicht so viele E-Autos im Einsatz, dass das machbar wäre, aber eines Tages vielleicht. Aber es ging ja nur um ein hypothetisches Beispiel.

Der Test ergab jedoch, dass von den über Amazon Mechanical Turk ausgewählten Personen nur zwischen 3 bis 27 Prozent bereit wären, auf ein solches Angebot einzugehen. [40] Es bleibt natürlich eine Hypothese, denn das Verhalten der Menschen ist (noch) nicht vollständig vorhersagbar.

Andererseits wird heute schon mit ähnlichen Kampagnen das Konsumverhalten vieler beeinflusst.

Virale Kampagnen dieser Art bergen also einen großen Unsicherheitsfaktor und eignen sich daher nicht zu Attacken auf die Stromnetze.

Es ist passiert.

Na, sind Sie ebenso ins Staunen gekommen wie ich, als ich darüber recherchiert und alles einmal niedergeschrieben habe? Da kommt eine ganz schön lange Liste an Möglichkeiten zusammen, nicht wahr?

Jetzt stellen Sie sich vor, es ist morgens noch sehr früh. Der Kalender zeigt Mitte März und die Temperaturen draußen liegen bei etwa vier Grad Celsius. Sie wachen gewohnheitsmäßig um fünf Uhr morgens auf und gehen erst einmal ins Bad. Sie stellen sich unter die Dusche – und springen erschreckt zurück, denn das Wasser ist eiskalt. Ok, sagen Sie sich, jetzt bin ich wenigstens wach. Der nächste Weg führt Sie in die Küche. Dort wollen Sie sich einen leckeren Kaffee machen. Da das Licht in der Küche ebenso wenig funktioniert wie im Bad, dämmert es Ihnen langsam: Der Strom ist in der Nacht ausgefallen.

Wahrscheinlich denken Sie zunächst an einen Kurzschluss, eine defekte Sicherung. Nachdem Sie sich eine Taschenlampe gesucht haben, sich dabei im Dunkeln die Zehen schmerzhaft angestoßen haben, führt Sie der nächste Weg zum Sicherungskasten. Die Batterien taugen nicht mehr viel, und so ist das Licht der Taschenlampe schwach und flackernd. Sie erkennen jedoch, dass alle Sicherungen offensichtlich in Ordnung sind. Ein Griff an die Heizung – kalt.

Leise fluchend gehen Sie zum nächsten Fenster. Glücklicherweise gehören Sie zu den Menschen, deren Rollläden mit Bändern bewegt werden können und nicht elegant per Knopfdruck. Insgeheim beglückwünschen Sie sich vielleicht, dass Sie den Umbau noch nicht gemacht haben.

Auch bei den Nachbarn ringsum ist es dunkel. Die Straßenlaternen ebenfalls.

Jetzt wissen Sie es bestimmt: Es handelt sich klar um einen Stromausfall.

Was Sie in dem Moment aber nicht wissen können, ist, wie lange der Stromausfall dauern wird, ob er nur Ihr unmittelbares Wohngebiet, das Viertel oder die ganze Stadt betrifft oder ob es sich um mehr handelt.

Mit Ihrem Mobiltelefon rufen Ihren Arbeitgeber an, um Bescheid zu geben, dass Sie sich erst zu Hause kümmern müssen, kommen aber nicht durch. Scheinbar sind alle Leitungen überlastet. Also beschließen Sie, sich noch einmal hinzulegen und das Tageslicht abzuwarten, bevor Sie weitere Aktionen planen…

So oder ähnlich kann die morgendliche Situation nach einem nächtlichen Stromausfall sein. Und dabei haben Sie noch Glück gehabt, sie waren zu Hause.

Draußen

Überlegen wir doch einmal, wie es anderen ergehen wird, die zum Zeitpunkt des Blackouts nicht zu Hause sind. Verlegen wir das Szenario dazu in den frühen Nachmittag einer Großstadt.

Am Nachmittag sind immer sehr viele Menschen unterwegs, sei es aufgrund ihrer Arbeit, zum Einkaufen, oder als Touristen. Ein plötzlicher Stromausfall hätte hier in den Städten ganz andere Auswirkungen, als beispielsweise auf dem Land oder in kleinen Dörfern.

Die Verkehrsampeln und andere Verkehrsleiteinrichtungen sind sofort erloschen. Die Folge sind ziemlich sicher schnell sehr viele Unfälle, weil sich die Fahrer nicht mehr orientieren können und sich häufig unsinnig verhalten. Denken Sie einfach nur an die tägliche Rush-Hour in Ihrer Stadt, wenn dort nur EINE Ampel an EINER großen Kreuzung ausfällt. Es dauert nur Minuten bis die Kreuzung blockiert ist, ein Hupkonzert von allen Seiten lärmt und eine

Menge genervter Autofahrer schimpfend in ihren Autos sitzt.

Übertragen Sie das einmal auf ALLE Kreuzungen. Da können Sie von Glück sagen, wenn Sie als Fußgänger unterwegs sind.

Sollten Sie Ihr Auto in einem Parkhaus abgestellt haben, vergessen Sie es einfach. Die Schranken lassen sich garantiert nicht öffnen, außer Sie wenden rohe Gewalt an. Die Steuerungen der Schließanlagen laufen nämlich ebenso nur bei Strom.

Ok. Es gibt ja noch Busse und die Bahn. Viel Vergnügen!

Die Busse hängen irgendwo im Verkehrschaos fest und kommen nicht vor und zurück. Und bis die Polizei den Verkehr wieder „per Hand" regeln und leiten kann, das wird dauern. Zudem wird sie aufgrund Personalmangels kaum alle Kreuzungen mit Verkehrspolizisten besetzen können.

Die Bahn fällt als Fortbewegungsmittel genau so aus. Dank der Elektrifizierung fehlt dort ebenfalls der Strom. Die Signale und die Steuerungscomputer in den Schaltstellen und Stellwerken fallen sind tot. Im besten Fall bleiben Züge einfach irgendwo auf der Strecke stehen. Die Taktung auf den Schienen ist aber recht kurzfristig und so muss damit gerechnet werden, dass Züge ineinander fahren und entgleisen, da die Lokführer sich nicht mehr orientieren können und zu spät bremsen. Das betrifft Güterzüge genauso wie Personenzüge oder die sehr schnellen ICE, deren elektrische Steuerungsanlagen – auch die Bremsen – ebenfalls schlagartig versagen.

Nicht nur hohe Sachschäden, sondern wahrscheinlich viele Verletzte und sogar Tote werden die Folge sein.

Was auf den bundesweiten Schienen geschieht, findet aber auch in den Städten mit Straßenbahnen und U-Bahnen statt. Diese fahren auch mit Strom.

Fehlt dieser plötzlich, bleiben die Züge stehen, egal, wo sie sich gerade befinden. Die Türen lassen sich nicht mehr öffnen und als Passagier sind Sie im Zug gefangen. Panik entsteht.

Es wird eng

Ortswechsel. Sie stecken nicht irgendwo im Verkehr, sondern sind auf Ihrer Einkaufstour in der Stadt unterwegs. Das Kaufhaus, in dem sie sich befinden, hat vier Stockwerke und da sie schon ein paar Taschen dabei haben, zudem

ihre beiden Kinder, nutzen Sie den Fahrstuhl. Irgendwo zwischen der zweiten und dritten Etage passiert es: Strom weg. Mit einem Ruck bleibt der Fahrstuhl stehen, das Licht erlischt – so wie im gesamten Gebäude, so wie überall.

Im Fahrstuhl befinden sich weitere Menschen. Es ist eng. Ihre Kinder klammern sich ängstlich an Ihnen fest. Jemand macht mit seinem Feuerzeug etwas Licht und versucht, über den Notruf auf die Lage aufmerksam zu machen. Fehlanzeige. Der Notruf funktioniert auch nur bei Strom!

Die Kinder jammern, das Adrenalin steigt. Die Luft wird stickig.

Irgendwann entsteht Panik in diesem kleinen Raum.

Jetzt denken Sie an die vielen Aufzüge in Hochhäusern, Hotels und anderen Gebäuden. Überall dort werden Menschen eingeschlossen sein und niemand von denen weiß, wie viel Zeit vergehen wird, bis Rettung kommt, bevor sie schlimmstenfalls ersticken.

In den Kaufhäusern selbst wird erst einmal erwartungsvolle Stille herrschen, denn der Überraschungseffekt wirkt einige Sekunden. Hat das Haus eine Notstromanlage? Wenn ja und diese funktioniert, wird es zumindest schnell wieder etwas Licht geben. Andernfalls sollten Sie das Gebäude schnellstmöglich ver-lassen und nach Hause streben. Nehmen Sie dazu die Treppe – ist auch gesünder -, denn die Rolltreppen dürften verstopft sein mit einigen Verletzten, die beim plötzlichen Stillstand ins Straucheln kamen und gestürzt sind.

Andererseits wird die Situation sicher gleich von einigen genutzt, um das eine oder andere Stück mitgehen zu lassen. Schnell ein Kleid, eine Hose mehr angezogen, etwas in die Tasche gesteckt etc. Die Kaufhausdetektive können nicht überall sein. Die Kameras sind wegen des

Stromausfalles sicher nicht mehr aktiv. Im allgemeinen Chaos wird kaum einer des Diebstahls überführt werden. Der Verkauf muss ohnehin eingestellt werden, da Scanner und Registrierkassen mangels Strom nicht mehr funktionieren. Stellen Sie sich einmal die Kassenbeschäftigten vor, die plötzlich im Kopf das Wechselgeld, geschweige die Preissumme der gekauften Waren berechnen müssten…

Die meisten Menschen werden sich wohl zu dem Zeitpunkt einigermaßen ruhig und diszipliniert verhalten. Sie wissen, die Stromausfälle sind spätestens nach einigen Minuten oder wenigen Stunden wieder behoben und der Alltag normalisiert sich.

Aber es kann auch einmal ganz anders kommen.

Draußen treffen Sie wahrscheinlich auf Verletzte. Die leichteren Fälle können von Passanten verarztet werden. Schließlich ist JEDER zu Erste-Hilfe-Leistungen verpflichtet. Pflaster und Verbandmaterial dürften nicht das Problem sein, hat doch jedes Auto pflichtgemäß einen Verbandskasten mitzuführen. Wenn es Streit gibt – und den wird es geben – weisen Sie auf die Pflicht zur Hilfeleistung hin. Lassen Sie sich auf keine Diskussionen ein. In den meisten Fällen sollte das zu diesem Zeitpunkt noch funktionieren.

Problematischer wird es bei den ernsthafter Verletzten, die es ebenfalls geben wird. Auch bei diesen muss Erste Hilfe geleistet werden. Gleichzeitig sollten aber professionelle Rettungskräfte angefordert werden.

Heute hat beinahe jeder ein Mobiltelefon dabei. Es ist also normalerweise nicht schwer, die 112 zu wählen und Sanitäter anzufordern. Bei einem totalen großflächigen Stromausfall fallen sofort die Festnetzanschüsse aus. Der Mobilfunk kann noch eine kleine Weile möglich sein, letztendlich sind aber auch die Mobilfunkmasten betroffen. Vielleicht nicht sofort alle, je nach Standort können Notstromaggregate einige am Laufen halten. Durch die allgemeine Verwirrung werden aber möglicherweise die Leitungen völlig überlastet sein. Und wenn Sie dann doch durchkommen und Hilfe rufen, muss der Rettungswagen durch die verstopften Straßen zu Ihnen gelangen und anschließend wieder zu einem Krankenhaus zurück fahren können. Es kann also sehr lange dauern, bis die rettende Hilfe den Verletzten erreicht – eventuell ist es zu spät.

Je nach Jahreszeit treten weitere Komplikationen auf. Im Spätherbst und Winter wird es früh dunkel. Ohne Strom gibt es keine Straßenbeleuchtung. Aus den Fenstern oder Schaufenstern fällt ebenfalls kein Licht nach draußen. Die meisten Menschen kennen so eine totale Dunkelheit nicht mehr. Selbst auf dem Land erlebt man kaum noch irgendwo völlige Finsternis. Sie werden die Orientierung verlieren. Kleinkriminelle werden im Schutz der Dunkelheit Überfälle verüben.

Heizungsanlagen in den Gebäuden stellen ihren Dienst ein. Sie benötigen Strom, damit die Umwälzpumpen arbeiten. Das bedeutet, dass Wohnungen und Büros auskühlen. Sind Sie auf dauerhaft kalte Wohnungen eingestellt? Ist Ihre Bettwäsche warm genug, auch bei eisigen Wintertemperaturen ohne Heizung? In den überwiegenden Haushalten finden sich heute keine dicken Federbetten mehr, sondern meist dünne Steppbetten. Haben Sie zusätzliche Decken, um sich zu wärmen?

Gleiches gilt für Klimaanlagen, die für Frischluft sorgen, denn in den hohen Bürotürmen können die Fenster in der Regel nicht geöffnet werden.

Aus den Wasserleitungen kommt kein warmes Wasser mehr (Kalt duschen fördert die gesunde Abhärtung ☺). Irgendwann kommt gar kein Wasser mehr. Die Wasserversorgung und die damit verbundenen Pumpsysteme stehen still. Geschirr kann nicht mehr abgespült werden. Die Toilettenspülung funktioniert nur noch ein einziges Mal. Der Wasserbehälter füllt sich danach nicht mehr auf. Sofern es regnet und sie einen Garten oder zumindest einen Balkon haben, können Sie dazu Regenwasser auffangen und damit die Spülung einigermaßen gewährleisten. Wenn nicht, haben Sie ein weiteres Problem.

Das Essen kann nicht mehr auf dem Herd oder in der Mikrowelle gekocht oder angewärmt werden. Mal eben eine Pizza bestellen oder bei McDonalds vorbeigehen, ist nicht mehr möglich. Da der Kühlschrank die Kühlung der Lebensmittel und der Gefrierkost nicht mehr gewährleistet, müssen diese zügig verwertet oder entsorgt werden. Genauso sieht es in den Kellern mit Kühltruhen aus. Wenn Sie dort eine größere Menge Fleisch oder andere Gefrierkost lagern, muss dieses nach dem Auftauen in relativ kurzer Zeit gegessen oder entsorgt werden. Der Herd geht nicht mehr. Vielleicht laden Sie Ihre Nachbarn zu einem großen spontanen Grillfest im Garten ein!? Das geht auch im Winter.

Fernseher, Radios verstummen und Computer bleiben dunkel. Sie freuen sich zunächst, dass Ihre Kinder einmal nicht die halbe Nacht mit Computerspielen oder Fernsehserien verbringen können. Aber die Freude hört schnell auf, denn Sie sind damit auch von der Außenwelt abgeschnitten. Die Informationen und Instruktionen der Regierung oder der örtlichen Verwaltungen können - soweit überhaupt welche ausgestrahlt werden - nicht empfangen werden, jetzt wo es doch wichtig ist.

Vielleicht sagen Sie sich jetzt, ok, dann fahren wir mit unserem Auto eben irgendwohin, wo es noch Strom gibt. Mal abgesehen davon, dass die Straßen überall verstopft sind – was machen Sie, wenn der Sprit alle oder der Tank ohnehin nur noch zu einem Viertel voll ist? Die Tankstellen sind nämlich ebenfalls außer Betrieb. Die Kraftstoffabgabe funktioniert ohne Strom nicht. Das Benzin bleibt in den unterirdischen Tanks, wenn die Pumpen nicht arbeiten. Außerdem ist der Treibstoff ohnehin nur noch für Versorgungsfahrzeuge reserviert. Privatleute werden nicht mehr tanken können. Die meisten Tankstellen verfügen über keine Notstromaggregate und müssen bei einem Stromausfall ihren Dienst einstellen.

Jetzt müssen Sie nur noch hoffen, dass Sie nicht ernstlich erkranken. In den Krankenhäusern herrscht wie überall der Stromnotstand. Solange die Aggregate für die Notstromversorgung laufen – meist mit Diesel – können zumindest grundlegende Versorgungen gewährleistet werden. Komplizierte Operationen sind da schon wesentlich schwieriger zu gewährleisten.

Während der Arbeit an der ersten Auflage im September 2019 kamen Meldungen über die Nachrichten, dass in den Apotheken Deutschlands großer Mangel an bestimmten Medikamenten herrscht, z.B. schmerzstillende Mittel. Außerdem ziehen sich die Pharmakonzerne scheinbar aus der Antibiotikaforschung zurück.[41] Bringt nicht genug Profit, ist die Begründung! Tolle Aussichten für den Ernstfall.

Sie begreifen allmählich, dass es wahrscheinlich nicht mit ein paar Stunden oder längstens bis zum nächsten Tag getan ist. Die Schäden müssen wohl so groß sein, dass eine kurzfristige Lösung nicht in Sicht ist.

Die Überprüfung Ihrer Vorräte für diesen Fall ergibt deutliche Defizite an wichtigen Grundnahrungsmitteln. Sie müssen jetzt schnellstens einkaufen gehen.

Aus der Garage holen Sie Ihr Auto. Glücklicherweise haben Sie vor drei Tagen vollgetankt. Der Benzinpreis war gerade mal so schön günstig. Wenigstens etwas, denken Sie.

Unterwegs kommen Sie an einer Tankstelle vorbei, die noch nicht gesperrt ist. Eine lange Schlange Autofahrer hofft dort auf Sprit. Offensichtlich funktioniert hier eine Notstrompumpe, denn aus zumindest einer Zapfsäule kann der Sprit noch gezapft werden. Aber wie lange noch. Hoffentlich dauert der Blackout nicht mehr so lange, denken Sie

Nach weiteren fünf Kilometern kommen Sie an einen großen Supermarkt. Auch dort ist der Parkplatz sehr voll. Die Menschen decken sich noch schnell mit dem Nötigsten ein.

Aber wie geht das, wenn doch weder Scanner- noch andere vom Strom abhängige Kassen funktionieren? Sie betreten den Markt und sehen, dass ein paar Kassierer mit Geldkassetten versuchen, die Käufe noch ordnungsgemäß abzurechnen. Weiter hinten wird es laut. Ein Kunde hat nur seine Kreditkarte, aber kein Bargeld. Der Verkäufer streitet mit ihm wegen der Einkäufe. Sicherheitsmänner versuchen zu beruhigen, aber sie müssen schließlich den Mann, der fluchend mitgeht, aus dem Markt begleiten.

Sie schauen in Ihr eigenes Portemonnaie. Ebenfalls an das Zahlen mit Kredit- oder Geldkarte gewöhnt, haben Sie nur wenig Bargeld dabei. Am Eingang des Marktes befindet sich ein Geldautomat. Während Sie sich umwenden, fällt Ihnen siedend heiß ein, dass bei Stromausfall die Automaten ebenfalls außer Betrieb sind. Bargeld ziehen ist nicht!

Jetzt haben Sie ein Problem. Genau nachdenken, was jetzt am Dringendsten ist. Wieder gibt es Streit bei den Kassen. Sie gehen schnell in den Markt und greifen sich Kartoffeln, Zwiebeln, Brot und Margarine. Dabei fällt Ihnen ein, dass sie das alles kochen müssen. Was kann notfalls auch kalt gegessen werden? Dosengemüse, Dosensuppen. Zügig steuern Sie den Einkaufswagen zum Regal mit den Dosen. Oh Schreck! Auf die Idee sind andere auch schon gekommen. Das Regal ist bereits ziemlich leergeräumt. In den Wagen kommen ein paar Doseneintöpfe und zwei Mal Ravioli, der Rest ist bereits weg. Es gibt aber noch Erbsen und Möhren in Dosen. Auch davon kommt etwas in den Einkaufswagen. Zum Glück sind das alles relativ günstige Artikel. Nachdem sie eine kurze Überschlagsrechnung gemacht haben, können Sie noch zwei Pakete Toilettenpapier einpacken. Dann geht es zur Kasse.

Die Stimmung dort ist gereizt. Immer wieder müssen Kunden Waren abstellen, da das Geld nicht reicht. Es wird geflucht und manchmal sogar gedroht.

Als Sie an der Reihe sind, können Sie aufatmen. Sie bekommen sogar noch ein wenig Kleingeld zurück. Jetzt ab zum Auto und die Waren verstauen, bevor jemand auf die Idee kommt, sich das Gewünschte zu klauen.

Zu Hause angekommen wird alles verstaut, das Auto kommt in die Garage, die sofort verschlossen wird.

Nachdenklich blicken Sie aus dem Fenster und beobachten die Straße vor Ihrem Haus. Was wird sein, wenn es nicht nur wenige Tage, sondern über mehrere Wochen keinen Strom gibt?

Die Lage wird ernst

Nach zwölf bis vierzehn Stunden fallen langsam die ersten Notstromgeneratoren aus. In den Krankenhäusern gehen nach spätestens achtundvierzig Stunden die (Not-)Lichter aus. Es kann nicht mehr operiert werden. In den

Intensivstationen erlöschen die Instrumente. Menschen sterben…

Auf dem Land spielen sich weitere dramatische Szenen ab. In den Ställen der Massentierhaltung funktionieren ohne Notstromaggregate weder Lüftung und Kühlung, noch Fütterung oder automatische Melkmaschinen. Es dauert noch ein paar Stunden bis Tausende von Hühnern, Schweinen, Kühe oder Rinder erstickt sind. Damit fällt ein großer Teil der gewohnten Lebensmittelversorgung aus.

Aber denken Sie jetzt nicht, da Sie ohnehin kein oder wenig Fleisch essen, seien Sie aus dem Schneider: Auch andere Lebensmittel können nicht produziert werden.

Es ist daher wahrscheinlich, dass es ab dem zweiten Tag zunächst in den Städten Hamsterkäufe geben wird. Die Menschen werden sich um die Vorräte streiten, prügeln und vielleicht zu Waffen greifen.

Ok, denken Sie, ich wohne ländlich. Hier haben wir noch viele Lebensmittel und können uns zum Teil sogar selbst versorgen. Irrtum.

Wohin, glauben Sie, werden die Horden aus den Städten sich wenden, wenn dort die Regale leergeräumt sind?

Genau, sie werden aus den Städten in die umliegenden Dörfer und Gehöfte strömen und sich dort alles holen, wessen sie habhaft werden – notfalls mit Gewalt.

Plünderer werden die Geschäfte mit Schmuck, Wertsachen und anderen Dingen, die später einmal zu Geld gemacht, zumindest aber als Tauschobjekte herhalten können, heimsuchen.

Bei all dem werden weitere Menschen verletzt werden, viele wahrscheinlich sogar getötet.

Polizei, Armee und technische Hilfsdienste werden versuchen, die Lage unter Kontrolle zu halten. Anfangs, so lange noch auf staatliche Notreserven bei Lebensmitteln zurückgegriffen werden kann, deren Läger aber erst nach frühestens einer Woche geöffnet werden, wird das zumindest in einigen Regionen im Umkreis der Lebensmittellager funktionieren. Aber Millionen Menschen schnell und umfassend zu versorgen – damit werden auch diese Hilfstruppen am Ende überfordert sein.

Es ist davon auszugehen, dass landwirtschaftliche Betriebe, sofern diese noch zur Lebensmittelproduktion in der Lage sind, militärisch „enteignet" werden, um die Versorgung sicher zu stellen.

An allen Stellen wird es zu Kämpfen zwischen Plünderern und den Soldaten oder gar den Hofbesitzern kommen.

Noch schwieriger wird die Trinkwasserversorgung zu gewährleisten sein. Auch wenn es über 5000 Trinkwasser-Notbrunnen in Deutschland gibt, kann das Wasser nicht wirklich gereinigt werden, denn auch diese Filteranlagen brauchen Strom, der nach dem Stillstand der Notstromversorgung nicht mehr vorhanden ist. Duschen und Waschen wird schwierig, Zähne putzen geht vielleicht gerade noch.

Dadurch werden sich aufgrund mangelnder Hygiene bei länger andauernder Notlage Krankheiten ausbreiten, eventuell sogar Epidemien entstehen. Zusammen mit der zusammengebrochenen Gesundheitsversorgung werden sich Krankheiten – zum Beispiel Cholera – schnell ausbreiten und gegebenenfalls zu vielen weiteren Toten führen.

Innerorts wird die Feuerwehr kaum noch Herr der Lage sein und kann die vielen Brände nicht mehr löschen. Es fehlt Löschwasser in ausreichender Menge. Die Brände entstehen wahrscheinlich aus unsachgemäßer Nutzung von (Camping-) Gaskochern, die die Menschen als Ersatz für die funktionslosen Herde nutzen. Hausbrände, Rauchvergiftungen und mehr sind die Folge. Die Feuerwehr kann nicht überall gleichzeitig löschen und so breiten sich die Brände schnell über ganze Häuserzeilen aus.

Aber irgendwann haben auch Polizei, Armee und Feuerwehr kein Benzin mehr. Sie fallen für Schutz- und Hilfemaßnahmen aus. Rotes Kreuz, Technisches Hilfswerk und freiwillige Helfer werden versuchen, über Suppenküchen eine notdürftige Versorgung der Bevölkerung aufrecht zu halten. Die allgemeine Situation wird jedoch mit jedem Tag schlimmer: Krankenhäuser und Pflegeheime bekommen nicht mehr genug Trinkwasser und Lebensmittel, Komapatienten werden nicht weiter versorgt. Auch hier sterben wieder viele Menschen.

Szenen, die man eigentlich nur aus dramatischen Endzeitthrillern im Kino kennt, werden sich überall ereignen…

*

Sie glauben, das kann so nicht geschehen, die Menschen sind doch heute zivilisiert? Träumen Sie weiter.

Einige der oben geschilderten Vorgänge stammen aus einer Sendung, die im März 2019 auf Bayern 3 ausgestrahlt wurde und einmal überschlug, was allein für das Bundesland Bayern an Auswirkungen bei einem mehrwöchigen Blackout zu befürchten sei. Weitere Quellen waren das Büro für Technikfolgen-Abschätzung beim Deutschen Bundestag und andere.

In dieser umfangreichen Studie aus dem Jahr 2011 werden die Folgen eines großflächigen langdauernden Stromausfalls über mehrere Bundesländer sehr deutlich beschrieben. Dabei bezieht sich die Studie auf einen Zeitraum von nur zwei Wochen!

Dort beschreiben die Autoren ebenso die Vernetzungen der unterschiedlichsten Behörden von Bund und Ländern sowie auf kommunaler Ebene, die die Hilfeleistungen und Versorgung der Bevölkerung sicherstellen sollen. Es ist davon auszugehen, dass alle diese Behörden und Organisationen gut miteinander kommunizieren (wie?) und die Hilfen klar koordinieren und organisieren können. Theoretisch und sicher in den ersten Stunden und Tagen auch noch. Ab der zweiten Woche jedoch wird es schwierig.

Deshalb geben die Autoren auch folgendes Fazit:

*„Wie die zuvor dargestellten Ergebnisse haben auch die weiteren Folgeanalysen des TAB gezeigt, dass bereits nach wenigen Tagen im betroffenen Gebiet die flächendeckende und bedarfsgerechte Versorgung der Bevölkerung mit (lebens)notwendigen Gütern und Dienstleistungen nicht mehr sicherzustellen ist. **Die öffentliche Sicherheit ist gefährdet, der grundgesetzlich verankerten Schutzpflicht für***

Leib und Leben seiner Bürger kann der Staat nicht mehr gerecht werden." [42]

Es ist also gar nicht so weit hergeholt. Und mit der Zivilisation – das ist nur eine dünne Tünche über dem Raubtier.

Wohnen Sie übrigens im Umkreis eines Kernkraftwerkes? Dort wird es nämlich nach spätestens einer Woche langsam ungemütlich. Wenn die Brennstäbe nicht gekühlt werden können – bei versagender Notstromversorgung und mangelndem Treibstoff ein schwieriges Unterfangen. Keine Kühlung – dann BUMM!

Denken Sie an Harrisburg, Tschernobyl oder Fukushima… Und das bei allen Kernkraftwerken im Umkreis des Blackouts innerhalb kurzer Zeit.

Sie haben garantiert eine strahlende Zukunft!

Bereiten Sie sich vor

Wenn Sie bis hier gelesen haben und noch nicht von panikartigen Schweißausbrüchen und anderem überwältigt worden sind, haben Sie gute Chancen, die kommenden Krisen zu überstehen.

Natürlich gibt es Möglichkeiten, sich und seine Familie zu schützen. Inwieweit das auf Sie zutrifft und welche Ressourcen Ihnen zur Verfügung stehen, hängt davon ab, ob Sie in der Stadt oder auf dem Land wohnen.

Einiges ist jedoch allgemeingültig, nämlich die Versorgung mit ausreichend Trinkwasser und mit Nahrungsmitteln. Das in Flaschen abgefüllte Trinkwasser aus dem Supermarkt ist längstens ein halbes Jahr haltbar, also rechtzeitig für Nachschub sorgen. Wenn Ihr Leitungswasser eine sehr gute Qualität hat, auch nicht zu kalkhaltig ist, dann füllen Sie schon jetzt dieses in leere 1.5 –Liter PET-Flaschen ab und lagern es kühl und dunkel im Keller. Dieses Wasser ist sauber und lange haltbar. Sie können damit einen ausreichenden Vorrat anlegen. Sollte es zum Trinken nicht mehr geeignet sein (nach sechs Monaten gelegentlich kontrollieren), taugt es zumindest noch zum Waschen oder als Spülung. Andere Wasserquellen, z.B. Regenwasser. Das kann nach vorherigem Abkochen und Filtern getrunken werden. Wenn es nicht regnet, kann über eine aufgespannte Plane (im Garten oder Balkon) Kondenswasser gesammelt werden.

Genaue Checklisten für Verhaltensregeln können Sie beim Bundesamt für Bürgerschutz und Katastrophenhilfe (bbk) herunterladen. [43]

Die Anfänge der Corona-Pandemie und vor allem der Lockdown im Frühjahr haben gezeigt, wie schnell die Menschen in Panik und irrationales Verhalten verfallen. Durch permanente Angstmache seitens Politik und Medien wurde das Ganze noch unterstützt und artete letztlich in Hamsterkäufe vor allem bei Toilettenpapier, Desinfektionsmitteln und Nudeln aus.

Das war absolut übertrieben und verursachte mehr Probleme als notwendig. Vor allem das Hamstern von Babynahrung stellte andere Mütter erst einmal vor die Situation, anderweitig Nahrung für den Nachwuchs herstellen zu müssen. Ebenso schwierig wurde es für alte Menschen, die nicht eben mal mit der ganzen Familie die Läden „plündern" konnten.

Es war zu keinem Zeitpunkt eine ernsthafte Gefährdung der Versorgung mit Verbrauchsgütern und Lebensmitteln vorhanden. Und das trotz zeitweiligem Herunterfahren der Produktion.

Nutzen Sie für die Vorsorge den Vorratskalkulator auf der Website ernaehrungsvorsorge.de Dort finden Sie unter dem Menülink *Private Vorsorge* eine Hilfe bei der Planung Ihrer Vorräte für den Fall der Fälle.

In diesem Kalkulator können Sie die Personenanzahl Ihres Haushalts eingeben und danach den idealen Vorrat berechnen lassen. Das mag nicht perfekt sein, ist aber in jedem Fall eine gute Hilfe für den Einkauf und die Einrichtung von Lagerflächen in Keller oder Wohnung.

Den Einkauf erledigen Sie einfach neben Ihren alltäglichen Einkäufen. Nehmen Sie immer etwas mehr mit, als gerade gebraucht wird. Achten Sie nebenbei auf Sonderangebote, das macht es günstiger. So legen Sie sich Stück für Stück und stressfrei einen Vorrat an, mit dem Sie über längere Zeit autark sind.

Vorratshaltung ist in unserer überversorgten Lebenswelt für die meisten ungewohnt. Die älteren Menschen, die den Weltkrieg noch mitgemacht oder die mageren Jahre von 1945 bis 1960 und auch den Hungerwinter 1946/47 überlebt haben, kennen das noch. Damals war es selbstverständlich, einen gut gefüllten Vorratskeller anzulegen, in dem Kartoffeln (1- 2 Zentner), Mehl, Zucker, Salz, Zwiebeln, Gemüse, Obst und viele andere im Haushalt benötigte Dinge gelagert wurden. Natürlich gehörten dazu auch selbstgemachte Marmeladen und Säfte. So waren alle für Eventualitäten gut gerüstet und konnten für längere Zeit auch mit Familie überleben.

Auch Holz und Kohle (mehrere Zentner) bzw. Koks wurden dort eingelagert, damit im Winter die Öfen geheizt werden konnten. Elektrische Heizanlagen waren zu der Zeit eher selten bis gar nicht vorhanden. Elektrische Herde gab es nicht, gekocht wurde auf Kohle- oder Gasöfen.

Heute können sich das vor allem die jüngeren Menschen kaum noch vorstellen. Und doch funktionierte alles und hatte durch seine Einfachheit einen besonderen Reiz.

Die heutigen Menschen wachsen in einer Überflussgesellschaft auf. Lebensmittelgeschäfte sind prall gefüllt mit allem, was das Herz begehrt. Wir haben so viel, dass wir es uns leisten, jährlich bis zu neunzig Millionen Tonnen Lebensmittel einfach wegzuwerfen oder zu vernichten.

Daher ist das Bewusstsein, plötzlich umzudenken und wieder Vorräte anzulegen, gänzlich verschwunden. Und so verwundert es nicht, dass sehr viele auf die Empfehlung der Bundesregierung und der Katastrophenschutzbehörden, mit Unverständnis reagieren und sich nicht kümmern.

Aber eine hochtechnisierte und eng vernetzte Welt ist wie die unsere ist, wie aus dem Vorhergehenden beschrieben, natürlich sehr verletzlich. Kleine Auswirkungen an einer Stelle können Kettenreaktionen auslösen, die schließlich ein ganzes System lahmlegen oder zerstören können.

Darum empfahl die Bundesregierung erstmals nach vielen Jahren in ihrem 2016 präsentierten Zivilverteidigungskonzept der Bevölkerung wieder eine Grundbevorratung für mindestens zehn Tage:

„Die Bevölkerung wird angehalten, einen individuellen Vorrat an Lebensmitteln von zehn Tagen vorzuhalten." [44] Im Notfall soll die Bevölkerung zum Selbstschutz fähig sein, bevor staatliche Maßnahmen anlaufen, um eine ausreichende Versorgung mit Lebensmitteln, Wasser, Energie und Bargeld sicherzustellen. [45]

Im Jahr 2016 war Wolfgang Kast Teamleiter für Bevölkerungsschutz und Rettungswesen beim Deutschen Roten Kreuz in Baden-Württemberg. In einem Interview mit der Tagesschau vom 22.06.2016 sagt er: [46]

„Jetzt ist die Rede von zehn Tagen und die Aufregung ist groß. Die wiederum ist ein Indiz dafür, dass das Bewusstsein verloren gegangen ist, dass es eben zu einer Notsituation etwa durch Hochwasser oder Stromausfall kommen kann und dass dann erst mal jeder für sich selbst verantwortlich ist."

Und er fährt fort:

„Wir erleben, dass die Menschen immer weniger auf eine Notsituation vorbereitet sind. Das hängt auch damit zusammen, dass die Erfahrung und das Wissen der Nachkriegsgeneration sich allmählich verlieren. Auch die Szenarien eines Kalten Krieges sind spätestens seit der deutsch-deutschen Wiedervereinigung kaum noch präsent. Die Erste-Hilfe-Ausbildung wird heute oftmals auf eine Bescheinigung im Rahmen der Führerscheinprüfung reduziert." [47]

Tipp: Sollten Sie noch keine Erste-Hilfe-Ausbildung im Rahmen des Führerscheins oder als betrieblicher Ersthelfer gemacht haben, melden Sie sich möglichst bald bei einer Station des DRK, ASB, Malteser o.a. an und frischen Sie diese mindestens alle zwei Jahre auf. Im Anschluss daran empfiehlt sich noch der „Kleine

Lebensretter", der eine ausführliche Fortbildung im Rahmen von Rettungsmaßnahmen ist. Bei Notsituationen ist jede Hilfe willkommen, wie weiter oben bereits erwähnt.

Aber nun zurück zu den Lebensmitteln. Wenn Sie sich die Checkliste ausgedruckt haben, wissen Sie nun, was Sie vorhalten sollten. Wird davon etwas verbraucht, ergänzen Sie es wieder durch frische Ware. Dosen sind zwischen zwei und drei Jahren haltbar. Bei uns sind alle Lebensmittel per Gesetz mit einem Mindesthaltbarkeitsdatum (MHD) versehen. Der Hersteller des Produkts garantiert, dass das ungeöffnete Lebensmittel bis zu diesem Zeitpunkt seine Eigenschaften bezüglich Geruch, Geschmack und Nährwert behält – immer unter der Voraussetzung, es wird richtig gelagert. Allerdings kann sich der Geschmack und die Farbe verändern, wenn das Ablaufdatum nahekommt oder überschritten wird. Deswegen ist es nicht zwingend verdorben. Es handelt sich um ein **Mindest**haltbarkeitsdatum. Prüfen Sie es vor dem Verzehr aber auf jeden Fall! Beach-

ten Sie dabei die vier Regeln bei der Vorge-
hensweise:

- Sehen
- Riechen
- Tasten
- Schmecken

Der Vorteil ist zudem, dass Lebensmittel aus
Dosen gegebenenfalls auch kalt verzehrt werden können.

Hier eine Liste mit Lebensmitteln, die besonders lange haltbar oder praktisch unverderblich
sind:

- Maisstärke (gut verschlossen lagern)
- Zucker (trocken und verschlossen lagern; unendlich haltbar)
- Honig (sehr lange haltbar, wenn kühl
  und dunkel gelagert. Achtung: Honig ist
  hygroskopisch)
- Ahornsirup (gefroren unendlich; sonst
  ähnlich wie Honig)
- Reines Salz (trocken lagern)

- Nudeln aus Hartweizengries (trocken und kühl lagern; keinesfalls Eier- oder Vollkornnudeln)
- Zwieback, Dosenbrot, Knäckebrot
- Corned Beef (lange haltbar)
- Trockenobst
- Weinessig (fest verschlossen)
- Wasser in **Glas**flaschen, sofern kühl und dunkel gelagert
- Löslicher Kaffee und Teebeutel
- Schnaps (natürlich kein Muss!), aber ein paar stärkere Alkoholika können hilfreich sein.

Wenn Sie das über mehrere Monate verteilen – gegebenenfalls muss ja noch Lagerfläche bedacht werden – und zusätzlich auf Angebote achten, ist die Ausgabe gar nicht so teuer. Mit insgesamt ca. 150,00 € ist schon einiges zu machen.

Lagerflächen ergeben sich nicht nur im Keller. Dort alles verstauen, was kühl und dunkel stehen muss. Sonst gibt es Transportboxen, in denen vieles gelagert und beispielsweise unter das Bett passt.

Schauen Sie in Ihre Schränke: Was kann weg (wir neigen alle dazu, uns im Laufe der Zeit mit vielen überflüssigen Dingen zu umgeben)? Was kann anders sortiert werden? Sie werden staunen, wie viel Platz dadurch sogar in einer (kleineren) Mietwohnung geschaffen werden kann. Ordnen Sie Lebensmittel nach Sorte und MHD, eventuell zusätzlich sogar schriftlich. So haben Sie einen guten Überblick über Ihren Lagerbestand. Entnommene Lebensmittel streichen Sie und ergänzen einen Neueinkauf inklusive MHD und Kaufdatum.

Die Organisation Greenpeace testete im Frühling 2020, wie lange Lebensmittel nach dem Mindesthaltbarkeitsdatum noch genießbar sind, vorausgesetzt passende Lagerung oder Kühlung. Dieses Ergebnis wurde in den Juni-Ausgabe des Greenpeace-Magazins veröffentlicht und das Ergebnis verblüfft:

- Im Kühlschrank gelagerte Eier: 112 Tage

- Verpackte Salami – sowohl die klassische als auch die vegane Variante: 85 Tage

- Eingeschweißte Falafel-Bällchen: 49 Tage

- Eingeschweißter Käse in Scheiben: 22 Tage

Das Greenpeace Magazin analysierte außerdem elf Produkte, deren MHD schon seit Jahren überschritten war, beispielsweise eine seit mehr als acht Jahren abgelaufene Dose Erbsen. Alle elf Nahrungsmittel erzielten im Labor „einwandfreie mikrobiologische Ergebnisse".[48]

Karin Midwer, Leiterin Öffentlichkeitsarbeit der Greenpeace Media GmbH schreibt dazu: „Sehr viele Menschen verwechseln leider das Mindesthaltbarkeitsdatum mit dem Verbrauchsdatum, das angibt, wann ein Produkt aus gesundheitlichen Gründen nicht mehr verzehrt werden sollte." [49] Auf Youtube können Sie sich dazu gern das kurze Video

ansehen. Den Link dazu gibt es auch im Anhang.

Tuba Esatbeyoglu, Professorin am Institut
für Lebensmittelwissenschaft und Human-
ernährung an der Universität Hannover sagt:
*„Damit Lebensmittel nicht verderben, sollten sie
so wenig wie möglich Wasser und Sauerstoff ent-
halten – ohne diese beiden Moleküle können praktisch keine Mikroorganismen überleben."*[50] Das
ist der Grund, warum viele Lebensmittel va-
kuumiert oder getrocknet werden. Sie kennen
das sicher vom Räuchern oder indem Fleisch
in Salz eingelegt wird, damit das Wasser ent-
zogen wird. Ebenso können Hitze, Kälte oder
verschiedene Konservierungsmittel für eine
längere Haltbarkeit sorgen.

Auch Wein kann bei richtiger Lagerung
und gutem Verschluss (am besten Kork), über
Jahrzehnte haltbar sein. Der beim Gärungs-
prozess entstehende Alkohol tötet Fäulnisor-
ganismen ab. Deshalb eignet sich hochpro-
zentiger Alkohol gut zum Einlegen von Obst.
(Deshalb habe ich u.a. Schnaps als wichtiges
„Lebensmittel in der Liste oben aufgeführt.)

„Reis, Nudeln und Mehl können praktisch unbegrenzt zum Kochen verwendet werden", erklärt Professorin Esatbeyoglu.[51] Wichtig ist die Faustregel: Je geringer Wassergehalt und Luftfeuchtigkeit, desto schlechter vermehren sich Mikroorganismen.

Gut zu wissen.

Ein weiteres Produkt auf der Liste war Honig. Das ist ein ganz besonderer Stoff, den uns die fleißigen Bienen liefern. Der sehr hohe Zuckergehalt und die schwachen Säuren darin sorgen für eine nahezu unendliche Haltbarkeit. Selbst der über 3000 Jahre alte Honig, den Archäologen in ägyptischen Pyramiden fanden, war mikrobiologisch noch in Ordnung, also zum Verzehr geeignet.

Nebenbei enthält Honig das Vitamin E, welches für unseren Stoffwechsel ebenfalls gesund ist. Außerdem besitzt Honig gewisse antibiotische Eigenschaften, so dass er, bei Wunden angewendet, durchaus leicht heilende Wirkung entfalten kann. Besonders reiner Honig wird in manchen Fällen sogar in Krankenhäusern eingesetzt.

Bei den leichteren Fällen sei es aber sinnvoll, eine Wunde zuerst einmal oberflächlich mit dem salbenähnlichen medizinischen Honig zu behandeln: "Wir verabreichen noch immer viel zu oft und zu rasch Antibiotika. Honig ist eine Möglichkeit, um den Antibiotikaverbrauch auf das unbedingt nötige Maß zu reduzieren", hält Elisabeth Prestel von der Medizin-Uni Wien fest.[52]

Auch eine Studie der Universität Oxford, die ein Team um Hibatullah Abuelgasim von der Universität Oxford soeben in der Fachzeitschrift „BMJ Evidence-Based Medicine" veröffentlicht hat, könnte somit dazu beitragen, sinnlose Antibiotika-Verschreibungen zu verringern. [53]

Aber Achtung: Honig ersetzt keinesfalls ein echtes Antibiotikum!

Schon unsere Eltern gaben uns früher oft Honig in warmer Milch oder pur, wenn wir an Husten oder leichtem Halsweh litten.

Selbstversorger

Ein Leben auf dem Land kann für die Vorsorge gegen Notsituationen deutliche Vorteile bieten. In der Regel haben sehr viele einen mehr oder weniger großen Garten oder eine kleine Landwirtschaft. Beides ermöglicht im jeweiligen Rahmen zu einer gewissen Unabhängigkeit von Lebensmitteln aus dem Supermarkt.

Stecken Sie im Garten eine Fläche ab, in der Sie verschiedene Gemüse sowie Kräuter für Gewürze oder Tees anbauen, die Sie über den Sommer ernten können. Wenn der Garten groß genug ist, pflanzen sie ein paar niedrig wachsende Obstbäume, zum Beispiel Kirschen und Äpfel. Auch Beerensträucher eignen sich. Denken Sie daran, dass alle die Anpflanzungen bis zu einigen Jahren brauchen, bevor ausreichend geerntet werden kann.

Eine Möglichkeit ist es zudem, sich mit Nachbarn oder Freunden zusammenzutun und eine Selbstversorger-Kommune zu gründen. Ihnen steht dann eine größere Fläche für den Anbau zur Verfügung, eventuell sogar für eine kleine Tierhaltung. Hühner sind da sehr attraktiv. Außerdem arbeitet es sich in Gemeinschaft schöner und den Feierabend in einer netten Gemeinschaft zu genießen, statt allein vor dem Fernsehgerät ist ebenfalls angenehm.

Das Wissen darüber ist leider heute bei vielen Menschen verloren gegangen. Jedoch ist in der neuerer Zeit zu beobachten, dass sich im Rahmen eines „Zurück-zur-Natur-Gefühls" eine ganze Selbstversorger-Szene aufgebaut hat. Diese Szene ist recht aktiv und veröffentlicht als Bücher oder auf Webseiten im Internet viele praktische Tipps für Anfänger und Profis.

Sie werden vielleicht nicht umhinkönnen, weiteres frisches Gemüse oder Obst einzukaufen, vor allem, wenn ihr Garten nicht so groß ist, aber das ist nicht schlimm. Alles was nicht gleich für den Verzehr gedacht ist, kann haltbar gemacht werden und für spätere Zeiten eingelagert werden.

Dazu eignet sich die früher von Eltern und Großeltern viel gepflegte Methode des Einkochens gut. In einem dunklen kühlen Keller können sie alles über mehrere Jahre bevorraten

Im Anhang habe ich eine kleine Auswahl von Webseiten gelistet. Wenn Sie sich für diese Variante interessieren, werden Sie dort sicherlich gute Hilfe finden.

Ist Ihr Wohnort in der Stadt, lebt es sich als Selbstversorger nicht so leicht. Aber auch dort ist das nicht unmöglich. Allerdings ist etwas Kreativität verlangt, um auf Balkon oder Dachterrasse einen „Kleingarten" anzulegen.

Die meisten Städte haben in ihrer Peripherie Bezirke für Kleingartenkolonien. Dort kann man sich einen Garten mieten und bewirtschaften. Allerdings haben diese Kolonien einen straffen Regelkodex, an den man sich halten muss. Andernfalls kann einem der Garten schnell wieder gekündigt werden und ganz billig ist das alles auch nicht. Wer also damit nicht zurechtkommt, sollte sich lieber andere Versorgungswege überlegen.

Kochen ohne Strom

Der folgende Abschnitt geht auf einen nicht unwesentlichen Aspekt ein, der Ihnen vielleicht bei Lesen des vorherigen auch schon gekommen ist: Wie kann ich mir oder meiner Familie eine warme Mahlzeit zubereiten. Kaltes Essen aus Dosen ist ja gut und schön – eine, zumindest gelegentliche, warme Mahlzeit aber besser.

Im Katastrophenfall wie beispielsweise einem langdauernden großflächigen Stromausfall, sollen Technisches Hilfswerk oder Rotes Kreuz und die Bundeswehr an festgelegten Orten „Suppenküchen" einrichten, an denen die umliegenden Bewohner wenigstens einmal täglich ein warmes Essen bekommen können. Das setzt aber voraus, dass die Logistik funktioniert, Notstromaggregate nicht anderswo dringender benötigt werden und die Lebensmittelzuteilungen, eventuell aus der nationalen Reserve, zur Verfügung stehen. Millionen Menschen auf diese Weise täglich zu versorgen, das wird aber nicht funktionieren.

Gehen Sie also zunächst einmal davon aus, dass Sie auf sich gestellt sind und sich selbst versorgen müssen. Besonders gilt das für diejenigen, die draußen auf dem Land wohnen und wo der nächste Nachbar zwei, drei Kilometer entfernt wohnt.

Auf dem Land, ausgestattet mit eigenem Garten, hat man auch hier wieder Vorteile. Sie können ein Grillfeuer entzünden, auf dem sich allerlei Dinge grillen lassen. Fleisch wird es jedoch nur kurze Zeit geben können, da die Kühl- und Gefriertruhen ausgefallen sind. Außer Fleisch lassen sich aber noch viele andere Dinge grillen. Wenn Sie Besitzer eines Schwenkgrills sind, können sie oberhalb der Grillschale einen größeren Topf oder Kessel aufhängen, in dem eine warme Suppe (Eintopf) gekocht werden kann.

Oder Sie legen sich eine Feuerstelle im Garten an. Dabei achten Sie bitte auf eine gute Absicherung durch darum herum geschichtete Steine und auf eventuellen Funkenflug. Es wäre sicherlich unangenehm, wenn Sie Ihrem Nachbarn das Haus anzünden oder, falls sie im freien Gelände wohnen, einen Busch- oder gar Waldbrand entzünden. Die Feuerwehr kann unter Umständen nicht mehr zum Löschen kommen oder es gibt kein Wasser mehr, weil die Wasserversorgung mittlerweile zusammengebrochen ist.

Auf einer derartigen Feuerstelle lassen sich genauso wie beim Schwenkgrill verschiedene Speisen wärmen, kochen oder braten. Die Feuerstelle muss dazu nicht allzu groß sein. Das Brenngut sollte mittig in einer Mulde angeordnet sein. So liegt es tiefer als die Oberkannte der Steinumrandung, die dann als Stütze für ein darüberliegendes Gitter (z.B. die Gitter aus dem Backofen) genutzt werden kann, auf dem gegrillt werden kann oder das als Untersatz für einen kleinen Topf nutzbar ist. Für Töpfe eignet sich auch ein sogenannter Dreifuß aus Metall oder aus Holz zusammengebaut.

Schwieriger wird es allerdings in einer Stadtwohnung. Dort lassen sich jedoch Gaskocher oder Brennpaste wie beim Camping nutzen. Allerdings ist das nicht überall erlaubt und es kann Probleme mit den Nachbarn oder dem Vermieter geben.

Hat Ihre Wohnung einen Balkon oder haben Sie eine Dachterrasse, können Sie dort das Kochgeschirr aufbauen (macht nicht bei jedem Wetter Spaß und kann bei starkem Wind nicht ungefährlich, wenn nicht gar unmöglich sein).

Gaskocher bergen immer eine große Gefahr, wenn sie nicht sachgerecht verwendet werden. Im schlimmsten Fall führt es zur Explosion und starken bis tödlichen Verletzungen. Aus den weiter oben beschriebenen Situationen ist eine schnelle Versorgung durch Rettungskräfte nicht unbedingt gegeben.

Auch die Brandgefahr ist hoch. Die Flamme ist nicht oder kaum sichtbar. Umstürzende Gaskocher oder falsch platzierte Geräte können umgebende Gegenstände in Brand setzen. Es ist also erhöhte Vorsicht geboten. Haben Sie aber Campingerfahrung und kennen die sachgemäße Handhabung, sind diese Gaskocher eine gute Alternative. Besorgen Sie sich im Vorfeld ausreichend Kartuschen, damit sie gegebenenfalls über einen längeren Zeitraum damit arbeiten können. Wichtig ist wiederum die sichere Lagerung, am besten verschlossen im kühlen Keller oder in der Garage.

Die dritte Variante sind außerdem die als Friedhofslichter gebrauchten Kerzen. Deren Vorteil ist nicht nur die lange Brenndauer, sondern auch eine große Hitzeentwicklung. Stellen Sie vier Kerzen im Quadrat zusammen und entzünden Sie diese. Darüber stellen Sie ein Gestell, auf dem ein Topf Halt findet. Darin können Sie sich nun Speisen wärmen oder sogar kochen. Das funktioniert.

Genauso eignen sich Teelichter und Brennpaste. Bei Brennpaste wie auch bei Gaskochern ist auf ausreichende Belüftung zu achten! Im Internet finden Sie auf Youtube zudem eine Menge Videos für DIY-Koch- oder sogar Heizmöglichkeiten aus einfachsten Mitteln.

Im Februar 2020 gab die Bundesregierung in Berlin ein Vorhaben öffentlich bekannt, das das Kochen ohne Strom thematisierte. Die Bevölkerung wurde aufgerufen, bis Ende Mai eigene Rezepte einzuschicken. Daraus sollte später ein Kochbuch mit den besten Rezepten entstehen und zum Ankauf angeboten werden. Als Corona dazwischenkam und der spätere Lockdown verordnet wurde, ist das Projekt scheinbar in Vergessenheit geraten. Jedenfalls hörte man nichts mehr darüber und so wird es wohl von offizieller Stelle vorerst keine Veröffentlichung geben.

Ich verzichte hier auf die Einstellung von Rezepten. Dazu sind die Geschmäcker doch sehr verschieden und die Möglichkeiten ebenfalls. Denken Sie einfach an Camping. Die Situation ist durchaus vergleichbar, denn auch beim Camping nutzen Sie nicht unbedingt Strom, sondern doch eher den Gaskocher. Seien Sie kreativ und zaubern Sie aus Ihren Vorräten einfache, aber nahrhafte Speisen. Das ist einfacher als Sie denken. Und sogar Brot können Sie, wenn Sie wollen – etwa als Fladenbrot – auf einem heißen Stein backen.

Weitere wichtige Hilfsmittel

Natürlich sind Lebensmittel nicht alles. Legen Sie zu Hause einen Vorrat weiterer Hilfsmittel an:

- Kerzen (Teelichter, Stumpenkerzen u.a.)
- Friedhofskerzen (lange Brenndauer)
- Streichhölzer, ggf. mehrere Feuerzeuge
- Bargeld in ausreichender Menge
- Taschenlampen (2 Stück)
- Öllampe und Lampenöl
- Genügend Batterien in mehreren Größen
- Radio (Batterie oder zum Kurbeln o.a.)
- Solardusche (falls Garten vorhanden)
- Powerbank oder auch Solar-Powerbank

- Starkes Band (z.B. Paracord, Nylon …)
- Werkzeuge, Messer, Axt, Klappspaten…
- Verbandszeug und Medikamente, z.B. Schmerzmittel, Antibiotika, Mittel gegen Durchfall, Allergien, Asthma etc.
- Mehrere warme Decken
- Gaskocher, Kartuschen
- Campingzubehör
- Rucksack (mehrere, falls Flucht nötig)
- Wasseraufbereitungstabletten und –filter
- Wasserflasche für unterwegs
- etc.

Auf der Website survivalwissen.de oder in diversen anderen Outdoor-Onlineshops finden Sie viele Tipps zu den genannten Ausrüstungsgegenstände sowie einiges mehr.

Weitere (über-)lebenswichtige Utensilien finden Sie in den im Anhang aufgeführten Büchern und Webseiten.

Zusammenfassung

Wichtig ist, mit der Ausrüstung für den Notfall nicht erst bis zum Eintritt desselben zu warten. Dann gibt es möglicherweise nichts mehr.

Sorgen Sie also schon jetzt vor. Besorgen Sie sich nach und nach alles, was Sie glauben, gebrauchen zu können. Legen Sie Vorräte an (einige Lebensmittel brauchen es trocken, kühl und dunkel). Kaufen Sie Lebensmittel, die Sie unter den Umständen einer Notsituation auch kalt oder roh essen können.

Das Einkochen von Obst und Gemüse, wie es noch unsere Großeltern und vielleicht auch die Eltern noch praktiziert haben, ist heute (leider) weitestgehend aus dem Kenntnisschatz der meisten Menschen verschwunden. Machen Sie sich damit wieder vertraut.

Vergessen Sie dabei nicht: Einige Techniken bedürfen der persönlichen Übung, damit sie im Fall der Fälle nicht davon überrascht werden, dass theoretisches Wissen zwar gut ist, aber Ihnen die praktische Umsetzung dieses Wissens nicht gelingt oder große Schwierigkeiten bereitet.

Wenn Sie Kinder haben, bringen Sie Ihnen dieses Wissen und die Techniken Stück für Stück dem Alter entsprechend bei. Lassen Sie sie mithelfen. Kinder können eine ganze Menge und es stärkt das Vertrauen in die eigene Kraft. Sie werden es später vielleicht brauchen können und dann froh sein, wenn sie von Ihnen bereits Grundwissen bekommen haben. Damit haben Sie ein sinnvolles Homeschooling-Programm, das Ihren Kindern zusätzlich Freude macht, weil es ein bisschen nach Abenteuer riecht.

Sollten die Dinge zu schlimm werden, müssen Sie eventuell sogar an eine leichte Bewaffnung denken. Das dürfen Sie jedenfalls nicht außer Acht lassen. Verstehen Sie mich nicht falsch, ich rufe nicht zur allgemeinen Bewaffnung auf, denn davon halte ich überhaupt nichts.

Aber es kann im Extremfall notwendig sein, um sich und die eigene Familie gegenüber Plünderern und kriminellen Banden zu schützen. Bei einem langdauernden Stromausfall

können sich auch Gefängnistü-
ren öffnen und die Gefangenen
– auch die gefährlichen – werden die Chance zur Flucht sicherlich nutzen.

*

Zusammenfassend noch einmal die wichtigsten Tipps für das allgemeine Verhalten im Fall
eines großflächigen Stromausfalls:

- **Don´t panic! - Bewahren Sie Ruhe!**

- Bleiben Sie möglichst zu Hause. Wenn Sie
  vorgesorgt haben, ist das kein Problem.

- Schalten Sie ein – batteriebetriebenes - Radio ein, um aktuelle Informationen zur Lage der Behörden empfangen zu können.

- Schonen Sie Akkus und Batterien soweit
  möglich.

- Lassen Sie Ihr Auto in der Garage. Das Fahren wird – zumindest in der Stadt – kaum möglich sein (verstopfte Straßen).

- Rufen Sie die Notrufzentrale **nur in wirklich dringenden Fällen** an.

- Bei Gebrauch von Kerzen, Gaskochern oder Brennpaste auf die Brandgefahr achten. Halten Sie einen Feuerlöscher in der Nähe, z.B. einen handlichen Autofeuerlöscher.

- Grillen Sie nur im Freien, sonst droht evtl. Erstickungsgefahr durch Kohlenmonoxid.

- Bei Kochen mir Brennpaste oder Campingkochern immer für ausreichende Belüftung sorgen.

- Kümmern Sie sich gegebenenfalls um Ihre Nachbarn, ältere Personen, die möglicherweise Ihre Hilfe benötigen.

- Lassen Sie alle Familienmitglieder an der Verantwortung teilhaben. Verteilen Sie

Aufgaben, auch an die Kinder.

- Für den Fall einer Evakuierung sollte auf
alle Fälle ein Notgepäck vorbereitet sein.
Ideal wäre ein Rucksack (Hände sind frei)
mit den wichtigsten Dingen wie einer Do-
kumentenmappe, Wertsachen, situations-
bedingter Kleidung, Essgeschirr, Hygiene-
artikeln usw.

Wenn Sie diese Tipps beherzigen und sich
verantwortlich um sich und Ihre Angehörigen
kümmern, werden Sie die Notsituation gut
überstehen.

*„Das Einzige, wovor wir Angst haben müs-
sen, ist die Angst selbst."*

Franklin D. Roosevelt, während der Großen
Depression in den USA

Nachbemerkung

Der vorhergehende Text hört sich für unbedarfte Leser oder Leserinnen eventuell fürchterlich an. Aber ich hoffe, ich habe Sie damit nicht zu sehr erschreckt, sondern im Gegenteil eher wachgerüttelt.

Solche Szenarien sind heute und in Zukunft durchaus denkbar. Was zunächst klein beginnt, kann sich über eine Kettenreaktion schnell zu einer Katastrophe von ungeheurem Ausmaß mit gravierenden Folgen für viele Menschen entwickeln. Hoffen wir, dass es nicht dazu kommt. Aber, dass wir in unserer Region, in Europa, über einen langen Zeitraum von mittlerweile 75 Jahren relativ entspannt einen gewissen Wohlstand genießen konnten, hat vielen das Bewusstsein, dass dies nicht selbstverständlich ist, längst aus den Köpfen geschrubbt.

Unsere hochtechnisierte Zivilisation ist zugleich sehr empfindlich gegenüber Störungen. Da hilft auch die fortschreitende Digitalisierung in allen Lebensbereichen nicht wirklich. „Die

Digitalisierung der Lebens- und Wirtschaftswelt schafft ganz neue Verletzlichkeiten: diese Welt ist aus dem Schatten angreifbarer und verletzlicher als je eine zuvor in der Geschichte der Moderne. Diese Welt ist nicht robust; insbesondere deswegen nicht, weil sie aufgrund ihrer Verflechtungsarchitektur systemische Risiken schafft, die sehr schnell zu Dominoeffekten führen können."[54]

Verfallen Sie dabei jetzt aber bitte nicht in hektische Unruhe und Aktivitäten. Denken Sie einfach über das Gesagte in Ruhe nach und überlegen Sie für sich, was Sie unternehmen können, um sich selbst und, sofern vorhanden, ihre Familie zu schützen. Entwickeln Sie einen Plan, wie Sie vorgehen und für sich und Ihre Familie den bestmöglichen Schutz herstellen.

Ich wünsche Ihnen dabei alles Gute und bleiben Sie gesund.

Ihr

Martin Seiters

Anmerkungen

[1]   Fischer, Wolfram: Geschichte der Stromversorgung, VWEW 1992, S. 43

[2] Härter, Henrik: Die Tantallampe war die erste Metallfaden-Glühlampe. In: Die Geschichte eines Weltkonzerns: 6 wegweisende Erfindungen von Siemens; 13.07.2013; https://www.elektronikpraxis.vogel.de/6-wegweisende-erfindungen-von-siemens-a-413310/index6.html

[3] http://www.deutschesmusum.de/ausstellungen/sondera usstellungen/rueckblick/2012/#c76577

[4]   Katalog zur Ausstellung „Kabelsalat" im Deutschen Museum

[5] Statistisches Bundesamt (Hrsg): Von den zwanziger zu den achtziger Jahren. Ein Vergleich der Lebensverhältnisse der Menschen. S. 34 f.

[6] Das Handbuch für die gute Ehefrau (Aus: Housekeeping Monthly, 13.05.1955)

[7] https://de.wikipedia.org/wiki/M%C3%BCnsterl%C3%A4 Muensterlaender _Schneechaos

[8] ebenda. Am Freitag, zu Beginn des Schneesturms, fand in Rheine ein Länderspiel der U16 gegen die Niederlande statt. Etwa 5000 Zuschauer, vorwiegend Schulklassen aus

dem Kreis Steinfurt, waren im Stadion. Noch vor der Halbzeitpause setzte das Schneetreiben verstärkt ein und fast alle Zuschauer verließen fluchtartig die Sportstätte. Etwa 30 Schüler mussten wegen Unterkühlung notärztlich versorgt werden. Das Spiel selbst endete regulär mit 2:1.

9 https://www.bundesnetzagentur.de – Aus dem Schadensgutachten der Bundesanstalt für Materialforschung „Schadensanalyse an im Münsterland umgebrochenen Strommasten".
(https://www.bundesnetzagentur.de/SharedDocs/Downloads/DE/Sachgebiete/Energie/Unternehmen_Institutionen/Versorgungssicherheit/Berichte_Fallanalysen/Bericht_11.pdf;jsessionid=5B3A6CF9273B242EF4FA86643FB50AF0?_blob=publicationFile&v=2)   abgerufen am 12.09.2020

10 https://www.spiegel.de/wirtschaft/rwe-tausende-strommasten-aus-der-vorkriegszeit-a-390262.html (abgerufen am 12.09.2020)

11 Kammler, Sara: Lehren aus dem Schnee-Desaster, Handelsblatt vom 25.11.2006
(https://www.handelsblatt.com/unternehmen/industrie/ein-jahr-nach-dem-stromausfall-im-muensterland-lehren-aus-dem-schnee-desaster/2737478.html?ticket=ST-208812-okDeXIytIln1xDbcdy1e-ap4) abgerufen am 12.09.2020

12 Blackout im Münsterland (Filmbericht):
https://www.youtube.com/watch?v=jfKeGHqrip8

[13] Ralf Butscher, Redakteur der Zeitschrift *Bild der Wissenschaft* im Gespräch mit Energie-Experten im Verband Deutscher Elektrotechniker (VDE).
https://www.vde.com/topics-de/energy/aktuelles/risiko-blackout - abgerufen am 11.09.2020

[14] ebenda

[15] FOCUS online am 17.06.2019: Mega-Blackout auch in Deutschland möglich? -
https://www.focus.de/immobilien/energiesparen/energie/u eber-stunden-ohne-strom-halb-suedamerika-sitzt-im-dunkeln-waere-mega-blackout-auch-in-deutschland-moeglich_id_10834782.html
(abgerufen am 11.09.2020)

[16] https://de.wikipedia.org/wiki/System_Average_Interruption_Duration_Index   (abgerufen am12.09.2020)

[17] https://www.vde.com/topics-de/energy/aktuelles/risiko-blackout - abgerufen am 11.09.2020 -   Zitiert nach FNN-Störungs- und Verfügbarkeitsstatistik 2018 u.a.

[18] https://www.focus.de/immobilien/energiesparen/energie/ueber-stunden-ohne-strom-halb-suedamerika-sitzt-im-dunkeln-waere-mega-blackout-auch-in-deutschland-moeglich_id_10834782.html (abgerufen am 10.10.2019)

Focus online vom 17.06.2019. Es handelt sich hier um eine frühere Version des Artikels, der unter Anmerkung 16 zitiert wird.

Der SPIEGEL meldete am 29.09.2003 einen landesweiten Stromausfall in Italien. Das staatliche Fernsehen meldete, eine Höchstspannungsleitung in der Schweiz sei ausgefallen, die Strom nach Italien liefert. 56 Millionen Menschen waren für Stunden ohne Strom. Glücklicherweise geschah das an einem Wochenende und nicht innerhalb der Arbeitswoche.

Eine andere SPIEGEL-Meldung vom 05.11.2006 meldet einen europaweiten Stromausfall nach einer Panne im deutschen Versorgungsnetz. Es wurde eine Starkstromleitung abgeschaltet, um das Kreuzfahrtschiff *„Norwegian Pearl"* über die Ems zur Nordsee fahren zu lassen. Eine Kettenreaktion löste darauf den Stromausfall aus, der zudem Teile von Belgien, Frankreich, Italien, Österreich, Spanien und sogar Marokko in Mitleidenschaft riss.

[19] Thomas Petermann, Harald Bradke, Arne Lüllmann, Maik Poetzsch, Ulrich Riehm: Was bei einem Blackout geschieht. - Folgen eines langdauernden und großräumigen Stromausfalls. Studie des Büros für Technikfolgenabschätzung des Deutschen Bundestags, edition Sigma, Berlin 2011
https://www.tab-beim-bundestag.de/de/publikationen/buecher/petermann-etal-2011-141.html   (abgerufen am 14.09.2020)

[20] ebenda

[21] Th. Leitert, zitiert nach Focus online vom 17.06.2019 (siehe unter Anmerkung 18)

22 Führer, Armin, in Focus online: Zivilverteidigungskonzept - Experten: Flächendeckender Stromausfall wäre nationale Katastrophe mit vielen Toten. https://www.focus.de/politik/deutschland/zivilverteidigungskonzept-experten-flaechendeckender-stromausfall-waere-nationale-katastrophe-mit-vielen-toten_id_5856252.html   (abgerufen am 26.08.2020)

23 https://www.bbk.bund.de/DE/Servicefunktionen/Notfall/notfall_node.html   (abgerufen am 12.09.2020) - Auf der Website unter den Punkt *Checkliste* gehen und die beiden Downloads aktivieren.

24 https://www.ernaehrungsvorsorge.de/private-vorsorge/notvorrat/vorratskalkulator/ (abgerufen am 12.09.2020)

25 Krempl, Stefan: 36C3 : Schwere Sicherheitslücken in Kraftwerken (https://www.heise.de/-4624525), abgerufen am 29.12.2019

26 Krempl, Stefan: 36C3… ebd.

27 Vortrag (englisch) des Kaspersky-Teams auf dem 36C3-Server abrufbar. (https://media.ccc.de/v/36c3-10689-on_the_insecure_nature_of_turbine_control_systems_in_power_generation); abgerufen am 24.08.2020

28 Weltraumatlas. Hallwag AG, Bern 1970

29 ebenda

[30] Lovett, Richard A. in National Geographic
http://www.nationalgeographic.de/wissenschaft/was-
wuerde-passieren-wenn-heute-der-groesste-sonnensturm-
aller-zeiten-losbraeche
(abgerufen am 26.08.2020)

[31] Zgrzendek, Dominik: Super Sonnensturm – Ein Rückblick auf das Carrington-Event von 1859
https://sonnen-sturm.info/super-sonnensturm-ein-rueckblick-
auf-das-carrington-event-von-1859-2563
(abgerufen am 04.09.2020)

[32] Deiters, Stefan, Super-Sonnensturm verfehlte Erde im
Jahr 2012 - abgerufen am 04.09.2020
https://www.astronews.com/news/artikel/2014/03/1403-
024.shtml

[33] ebenda

[34] ebenda

[35] Lovett, Richard A. in National Geographic

[36] Lovett, Richard A. in National Geographic

[37] Blackout nach Mega-Sonnensturm? Düsteres Szenario
jederzeit möglich.
https://www.wetter.com/news/blackout-nach-mega-
sonnensturm-szenario-jederzeit-
moeglich_aid_5ba4c00c38f7882ecd29b8d5.html (abgerufen
am 04.09.2020)

[38] ebenda. Die **Lagrange-Punkte** oder **Librationspunkte** (von lateinisch *librare* „das Gleichgewicht halten") sind fünf Punkte im System zweier Himmelskörper beispielsweise eines Sterns und eines ihn umkreisenden Planeten), an denen ein leichter Körper (etwa ein Asteroid oder eine Raumsonde) antriebslos den massereicheren Himmelskörper umkreisen kann, wobei er dieselbe Umlaufzeit wie der masseärmere Himmelskörper hat und sich seine Position relativ zu diesen beiden nicht ändert. Im Falle eines künstlichen Körpers ist dieser dann ein Satellit um den massereicheren Himmelskörper, aber kein Satellit um den masseärmeren Himmelskörper. (zitiert nach Wikipedia, 19-09-2020).

[39] Rötzer, Florian: Herbeiführung von Blackouts durch Desinformationskampagnen? https://www.heise.de/-4880088 abgerufen am 27.08.2020

[40] ebenda

[41] Antibiotika-Forschung: Warum Unternehmen aussteigen. https://www.ndr.de/ratgeber/gesundheit/Antibiotika-Forschung-Warum-Unternehmemen-aussteigen,antibiotika586.html

[42] Thomas Petermann, Harald Bradke, Arne Lüllmann, Maik Poetzsch, Ulrich Riehm: Was bei einem Blackout geschieht. - Folgen eines langdauernden und großräumigen Stromausfalls. Studie des Büros für Technikfolgenabschätzung des Deutschen Bundestags, edition Sigma, Berlin 2011

[43] https://www.bbk.bund.de/DE/Home/home_node.html (abgerufen am 14.09.2020). – Schauen Sie dort u.a. unter der Rubrik Downloads nach den Checklisten.

[44] https://www.bmi.bund.de/DE/themen/bevoelkerungsschutz/zivil-und-katastrophenschutz/konzeption-zivile-verteidigung/konzeption-zivile-verteidigung-node.html (abgerufen am 14.09.2020)

[45] Thomas Gutschker am 21.08.2016 in der Frankfurter Allgemeinen Sonntagszeitung https://www.faz.net/aktuell/politik/inland/f-a-s-exklusiv-so-will-die-bundesregierung-im-kriegsfall-reagieren-14398973.html (abgerufen am 14.09.2020)

[46] ARD Tagesschau vom 22.06.2016 https://www.tagesschau.de/inland/zivilschutz-drk-101.html (abgerufen am 26.08.2020)

[47] ebenda

[48] Greenpeace Langzeittest für Lebensmittel, 2020 https://utopia.de/greenpeace-test-mindesthaltbarkeitsdatum-118836/ (abgerufen 17.09.2020)

[49] https://www.presseportal.de/pm/12442/4627146 (abgerufen am 17.09.2020)

[50] Schreiber, Jakob: Keine Chance für Mikroorganismen. Gibt es Lebensmittel, die ewig haltbar sind? https://www.n-tv.de/wissen/frageantwort/Gibt-es-Lebensmittel-die-ewig-haltbar-sind-article22005557.html (abgerufen am 15.09.2020)

Zum Beispiel werden Tiefkühlpizzen in einen Behälter mit Wasser gegeben und mehrere Minuten einem Druck von bis zu 6000 bar ausgesetzt – das entspricht in etwa einem Gewicht von drei Boeing 747, komprimiert auf ein Smartphone. Bakterien, Hefen oder Schimmelpilze werden dabei getötet, während Vitamine, Geschmacksstoffe und Proteine unbeschädigt bleiben.

[51] ebenda

[52] Elke Ziegler, science.ORF.at – Honig lässt Wunden schneller heilen.   (abgerufen am 25.08.2020)

https://sciencev2.orf.at/stories/1759705/index.html

[53] Honig wirkt besser als Antibiotika
luwi, science.ORF.at   -   (abgerufen am 25.08.2020)
https://science.orf.at/stories/3201417/?utm_source=pocket-newtab-global-de-DE

[54] Welzer, Harald: Die smarte Diktatur. Der Angriff auf unsere Freiheit, Fischer Verlag GmbH, Frankfurt am Main 2016. – S. 219

Tipps und Zubehör

https://www.survivalwissen.de

Bücher 1

Max Wilde: <u>Krisenvorsorge: Wie Sie sich auf Krisensituationen vorbereiten und diese sicher überstehen.</u>

Udo Ulfkotte:
<u>Was Oma und Opa noch wussten: So haben unsere Großeltern Krisenzeiten überlebt</u>
28. Mai 2015

Niclas Seiters:
<u>Outdoor Survival. Überleben in der Wildnis</u>
Die Survivalwissen-Grundausbildung

Niclas Seiters:
<u>Wilde Superfoods im Winter: Nahrungs- und Heilpflanzen finden & verwerten (Mit wilden Superfoods durch das Jahr)</u>   Band 1

<u>Wilde Superfoods im Frühling …</u>
Band 2

<u>Wilde Superfoods im Sommer …</u>
Band 3

(Band 4: Herbst, (in Vorbereitung)

Webadressen für Selbstversorger

<u>https://www.selbstversorger.de/</u>

<u>https://wohnglueck.de/artikel/leben-als-selbstversorger-10-tipps-9837</u>

129

https://www.biotopicafarm.de/selbstversorgung-im-winter/

https://utopia.de/ratgeber/selbstversorgung-tipps/

https://www.smarticular.net/selbstversorgung-ohne-eigenen-garten-tipps/

https://www.derkleinegarten.de/nutzgarten-kleingarten/selbstversorgung/eigenversorgung-ohne-anbau.html

https://www.wurzelwerk.net/2017/12/06/selbstversorgung-fuer-anfaenger-10-schritte-um-loszulegen/

https://nanu-magazin.org/selbstversorgung-fuer-anfaengerinnen/

https://petes-prepper-guide.com/autark-leben/selbstversorger/

https://www.native-plants.de/blog/die-besten-tipps-fuer-einen-selbstversorger-garten/

https://www.gartenflucsterin.de/kurse/der-selbstversorger/

https://www.hausvoneden.de/food-travel/selbstversorger-tipps/

https://www.mencke.de/biogarten-als-selbstversorger/

https://www.nachhaltigleben.ch/food/selbstversorger-wie-man-auf-wenig-platz-moeglichst-viel-anbaut-3087

https://selbstversorger.info/thema/selbstversorgung/was-ist-selbstversorgung/

Akademien / Seminare / Workshops

https://waldgarten.wordpress.com/selbstversorger-akademie/

https://www.wohllebens-waldakademie.de/workshop-anleitung-selbstversorger

Bücher 2

https://www.fluchtrucksack-kaufen.com/selbstversorger-buch-unsere-11-empfehlungen/

Biotopica-Farm – Mit dem Gartenplaner zu deiner persönlichen Selbstversorgung https://bit.ly/2vBscmR
(Affiliate-Link)

Weitere Bücher findet man im örtlichen Buchhandel, auf den Webseiten oder bei Amazon

(Bitte bevorzugt den **örtlichen** Buchhandel!)

YouTube - Videos

Blackout im Münsterland (Filmbericht):
https://www.youtube.com/watch?v=jfKeGHqrip8

ZDF Doku: Blackout - Deutschland ohne Strom (43:04 min):
https://www.youtube.com/watch?v=rsRWH11z-pk

Greenpeace: So lange sind Lebensmittel haltbar
https://youtu.be/jal0iBEXglw

Bildnachweis

Weitere Bilder von Gerd Altmann, Julie McMurray, Colin Behrens, Steve Buissinne, Gordon Johnson, Cocoparisienne, 41330, Ricarda Mölk, Mihai Paraschiv, Sabine Sauermaul, Pete Lindforth, David Mark, WikiImages Bild Tschernobyl von Amort1939 (Денис Резник) – alle Pixabay.com

Bild Seite 24: Schneefall am 25.11.2005 Münsterland (Urheber: Zumthie / Public domain)

Bild Seite 26: Muensterschnee (Von: Der Sascha - Eigenes Werk,CC-BY-SA3.0, https://commons.wikimedia.org/w/index.php?curid=5234004)

Danksagung

Mein Dank geht an dieser Stelle an meine Familie, die mich immer motivierend begleitet.

Raum für Ihre Notizen

Vom selben Autor:

Blackout, 1. Auflage, BoD 2019

Experten warnen:

„Die Blackout-Gefahr ist bis heute unterschätzt

worden"

Deutschlandfunk, August 2019